チーズケーキのカリスマ

大人のチーズケーキと
チーズのお菓子

石橋かおり

CONTENTS

PART 1
オーブンで焼くチーズケーキ

PART 2
レアチーズケーキとデザート

PART 3
チーズの焼き菓子

本書のきまり

・小さじ1は5㎖、大さじ1は15㎖です。

・卵は特に表記がない場合、Mサイズ（58〜64g）を使用しています。

・野菜や果物は特に表記がない場合、洗って皮などをとり除いた状態（正味）で計量します。

・オーブンの設定温度と加熱時間は目安です。お手持ちの機種に合わせて上下10〜20度を目安にし、できるだけ同じ時間で焼き上がるように調整してください。

・オーブンは特に指定がない場合、中段に天板をセットします。

・電子レンジは600W（500Wの場合は加熱時間を1.2倍にする）と200Wを使用しています。同じワット数でも機種によって強さが違う場合があるため、様子を見て加熱してください。

・保存期間は目安です。

大人こそ、チーズケーキを

　私が初めてチーズケーキのレシピ本を出版してから、20年以上がたちました。これまででお菓子の本を50冊以上、その中でチーズケーキだけでも15冊目の刊行となりますが、年齢を重ねる中で、考え方も少しずつ変わってきました。

　健康が気になる年齢になって、若いころのようなスイーツを食べ歩きたいという欲求も少なくなり、本当に質のよいものを楽しんで味わうというスタイルに変化してきたのです。もともとは鍼灸師だったこともあり、食事も以前よりさらに健康的にと心がけるようになりました。

　そんな中、友人から「美容や健康のために甘いものを控えている」と聞き、ふと思ったのです。カルシウムやたんぱく質が豊富で、消化吸収もよいチーズをたっぷり使ったケーキなら、大人世代でも罪悪感なく食べられるのでは?と。そこで、おいしさとヘルシーさを両立させた、欲ばりなチーズケーキを提案することにしました。きび砂糖を使うことでやさしい甘みにし、抗酸化作用のあるポリフェノールや各種ビタミン、イソフラボンなどを豊富に含んだ食材を積極的にとり入れて、単なる嗜好品ではなく、心や体にやさしいチーズケーキを目指しました。おいしさには妥協することなく、大人の口に合うように材料の組み合わせや配合も見直しました。

　現代の生活は便利になったぶん複雑化して、ストレスを感じることも多くなっています。心身ともに健やかな日々を送るためには、甘いものでリラックスすることも大切。意外と簡単に作れるチーズケーキや焼き菓子は、ティータイムにはもちろん、お酒にもよく合います。忙しい日々の手を少しだけ止めて、大人のおうち時間を楽しんでいただけましたら幸いです。

石橋かおり

おいしいだけじゃない、チーズの魅力

チーズは牛乳などの「乳」が主原料で、カルシウムとたんぱく質が豊富に含まれている健康食材です。多くの種類がありますが、本書では乳酸菌などが生きているナチュラルチーズのうち、次ページで紹介するチーズケーキに向く4つのタイプを使いました。タイプごとの特徴を知ることが、おいしいチーズスイーツ作りの第一歩です。

クリームチーズ

ブレス・ブルー

ロックフォール

カマンベール

カッテージチーズ

ゴーダ

パルミジャーノ・レッジャーノ

フレッシュタイプ

牛乳などの乳に乳酸菌や凝乳酵素を加えて、たんぱく質（カゼイン）を固め、ホエー（乳清）を除いたもの。熟成させないため、水分が多くて風味や匂いのクセが少なく、チーズをあまり好まないかたにも食べやすいタイプです。スイーツ作りに使う代表格は右記の2つですが、クリーミーなマスカルポーネや、ホエーを原料としたリコッタなども人気があります。

クリームチーズ

フレッシュチーズの代表格で、チーズケーキのメイン材料です。生乳やクリームを使ったクリーミーでやさしい味わいの中に、ほんのりとした酸味とコクがあります。しっかりとやわらかくしてから使いましょう。

提供:
タカナシ乳業株式会社

カッテージチーズ

脱脂乳に乳酸菌などを加えて固めたチーズ。乳脂肪が少ないぶん、クリームチーズより風味があっさりとしていて、高たんぱく・低カロリーなのが魅力です。スイーツ作りには、なめらかな裏ごしタイプを使用します。

ハード、セミハードタイプ

凝固させた乳をプレスして水分を抜き、塩漬けにして熟成させるため、風味が濃く、深い味わいがあります。一般的に熟成期間が長いハードタイプはうまみがより強く、セミハードタイプはやや水分が多く、クセが少なくて食べやすいです。

パルミジャーノ・レッジャーノ
（ハードタイプ）

イタリア北部の特産品として有名です。長期熟成させるため、うまみ成分のアミノ酸が結晶化し、シャリシャリとした食感が出るのが特徴です。パルメザンチーズはパルミジャーノに似せて作られたチーズで、製法や風味は異なります。生タイプはパルミジャーノに近い食感ですが、乾燥させてある粉末タイプの場合、プチプチとした食感になります。

ゴーダ
（セミハードタイプ）

オランダ原産で、マイルドな風味をもち、食べやすいチーズです。同じセミハードタイプのマリボー、ハードタイプのチェダー、エダム、コンテ、グリュイエールなどのチーズにおきかえてもかまいません。

生地に混ぜる場合はすりおろして使う。

白かびタイプ

一般的な作り方は、凝固させた乳を型に入れ、塩漬けにしてから白かびを噴霧して熟成させるというもの。表面が白かびで覆われてかたくなっており、中はとろりとした濃厚な味わいです。

カマンベール

フランスのノルマンディー地方が発祥。マイルドですが、白かびタイプ特有の風味があり、ほどよい塩けがきいている人気のチーズです。ブリーなど、ほかの白かびチーズでも代用できます。

青かびタイプ（ブルーチーズ）

凝固させた乳を水きりし、成型する前に青かびをまぶすことで、内側で繁殖させて熟成させるチーズです。香りと味が強烈で好みが分かれますが、アクセントとして使うとチーズケーキの風味を引き立ててくれます。

ブレス・ブルー

イタリアのゴルゴンゾーラとフランスのカマンベールを掛け合わせたようなチーズといわれています。ブルーチーズの個性をもちつつ、マイルドで食べやすいため、スイーツにおすすめです。

ロックフォール

世界三大ブルーチーズのひとつで、羊乳が原料です。ピリッとした刺激と強い風味が特徴で、ブルーチーズ好きならブレス・ブルーのかわりにこちらを使ってもよいでしょう。

大人流チーズケーキは型3つでシンプルに

本書のベイクドチーズケーキとレアチーズケーキに使うのは、小ぶりでベーシックな「スクエア型」「丸型」「パウンド型」の3つだけ。少ない型でシンプルに楽しむのも大人のスタイルです。数は少なくても活用度は抜群。下の写真はそれぞれp.16の「基本のニューヨークチーズケーキ」の生地を流し入れ、同じ温度と時間で焼いたもの。本書のチーズケーキレシピは、どれも同じように3つのスタイルで楽しめます。型はチーズケーキだけではなく、3章の焼き菓子でも活躍します。

※ステンレスやブリキの型などは生地の酸味で金けが出るため、必ずフッ素樹脂加工の型を使ってください。

スクエア型
（15cm角の底取れタイプ）

底面積が広く、生地が丸型より少し薄くなるので、小さく切り分けたいときにもおすすめ。ベイクドタイプの場合は、やや水分が抜けてかための焼き上がりになります。

丸型
（直径15cmの底取れタイプ）

ベーシックな形状でオールマイティーなタイプ。中心をとろりと焼き上げたいバスクチーズケーキはもちろん、レアチーズケーキなどにもぴったりです。

パウンド型
（9×22×高さ7cm）

全体にまんべんなく熱が通り、しっかりとした焼き上がりになるタイプ。チーズテリーヌのほか、オールドファッションチーズケーキなどにもおすすめです。底が外れないため、p.48を参照し、オーブンシートを敷き込んで使いましょう。

チーズケーキ作りのポイントは 4 つ

チーズケーキの作り方はとてもシンプルです。手順は簡単で、お菓子作り初心者でも失敗なく作れますが、よりおいしく作るための大切な4つのポイントを紹介します。また、でき上がってからもチーズの熟成が進むので、1切れずつゆっくり味わって風味の変化を楽しみ、好みの味わいになるタイミングを見つけるのも楽しみ方のひとつです。

クリームチーズをやわらかくする

冷えた状態のクリームチーズはかたく、無理に混ぜるとだんご状になってしまいます。ラップで包んで電子レンジで加熱し、中心までやわらかくしてから使いましょう。
※くわしくはp.17の 4 を参照してください。

生地をよく混ぜ合わせる

材料は1つずつ加え、そのつど泡立て器でよくすり混ぜます。チーズにまず砂糖を加えてゆるめ、あとは、かたい材料から水分が多いやわらかいものへと順に加えていくと混ぜやすいです。全体がムラなく均一な状態になったら、次の材料を加えましょう。

生地をこす

一見なめらかに見える生地も、とけ残ったチーズの粒などがあるため、万能こし器でこすことでなめらかな口あたりに仕上がります。泡立てた生クリームやメレンゲを加える場合はこのあとに。

3時間以上冷やす

ベイクドチーズケーキもレアチーズケーキも、しっかり冷やしてから食べます。冷蔵室で3時間以上、できればひと晩以上おくと、味はもちろん、生地も締まって型からきれいにとり出せるようになります。じっくりと熟成が進むので、2～3日目が食べごろです。

きび砂糖などの、自然の甘みで作りました

スイーツ作りに甘みは不可欠ですが、大人世代には、健康のために甘いものをがまんしている人も多いようです。そんなかたのために、本書ではコクとおだやかな甘みをもつきび砂糖をメインに使い、今までとは少し違う、やさしい味わいのチーズケーキを提案しました。そのほかの甘みにも黒砂糖やはちみつなどを使用し、白砂糖（上白糖）やグラニュー糖は使っていません。また、従来のレシピより、やや甘さ控えめにしています。糖分には生地をしっとりさせたり、メレンゲの泡を安定させたりする働きもあるため、気になるからとむやみに減らしたりしないでくださいね。

メープルシロップ

はちみつ

黒砂糖（ブロック）

きび砂糖

黒砂糖（粉末）

きび砂糖
さとうきびの風味を生かした砂糖。薄い茶色ですが、でき上がりにはほとんど影響がなく、コクのある甘さに仕上がります。

提供：日新製糖株式会社

メープルシロップ
サトウカエデの樹液を煮詰めた琥珀色（こはく）のシロップで、色が濃いほど風味も強くなります。各種ミネラルや、抗酸化作用のあるポリフェノールも含有。ブドウ糖や香料を加えたメープル風シロップは別物なので、まちがえないように。

黒砂糖（ブロック・粉末）
さとうきびのしぼり汁をろ過して煮詰めた砂糖。カリウムなどのミネラルを豊富に含み、ほのかな苦みや酸味、特有の風味があります。生地に混ぜる場合は粉末タイプが便利ですが、ブロックタイプをおろし金ですりおろしても使えます。

はちみつ
採取する花によって風味が異なります。アカシアなどのクセのない国産はちみつか、ニュージーランド産のマヌカハニーがおすすめです。

※1歳未満の乳児には与えないでください。

体や心に恵みとなる自然の食材を加えました

風味を加えるときに、美容にも健康にもよい自然の食材を選ぶのが大人流です。今の自分にプラスになるものを加えることで、チーズのスイーツをもっとおいしく食べましょう。

ラズベリー、ブルーベリー

ベリー類は抗酸化作用の強いアントシアニンやポリフェノールが豊富です。甘ずっぱく、風味の面でもチーズスイーツとの相性が抜群。

オートミール

ビタミンや食物繊維が豊富なオーツ麦を蒸してフレーク状にしたもの。クッキーに加えるとサクサクと香ばしい焼き上がりになるのも魅力。

豆乳

大豆が原料で高たんぱくかつ低糖質。さらに体内で女性ホルモンに似た働きをするイソフラボンを多く含む人気の食材。本書では成分無調整のものを使用しています。

ナッツ（ミックス）

低糖質で、不飽和脂肪酸、食物繊維やさまざまなビタミンやミネラル類を含んでいるため、積極的にとりたい食材です。製菓用か、素焼きのミックスナッツを使用しましょう。

ビターチョコレート

抗酸化作用が強いポリフェノールの一種である、カカオポリフェノールが豊富な食材です。カカオ70％以上、できれば88％のものを使ってください。

甘酒

オリゴ糖を多く含み、飲む点滴とも呼ばれるほど栄養価が高く、アルコールはほとんど含みません。酒粕タイプもありますが、本書では米麹が原料のストレートタイプを使用しました。

スイーツ作りに欠かせない定番の材料

チーズケーキや焼き菓子作りに欠かせない材料を紹介します。シンプルなケーキほど素材の風味が
ダイレクトに出るので、新鮮なものを使いましょう。

生クリーム（純生クリーム）

本書では基本的に乳脂肪
47％を、あっさり仕上げた
いものには乳脂肪35％を
使用。植物性のホイップ用
クリームは生地が固まらな
い場合があるので使わない
こと。

提供：タカナシ乳業株式会社

プレーンヨーグルト

無糖のプレーンヨーグルト
を使用。ホエー（乳清）と呼
ばれる水分が分離している
場合は、よく混ぜてから使い
ましょう。

提供：株式会社 明治

サワークリーム

クリームを乳酸発酵させた
もので、さわやかな酸味が
あります。

提供：タカナシ乳業株式会社

牛乳

一般的な成分無調整タイプ
を。低脂肪乳、無脂肪乳な
どの加工乳は不向きです。

卵

表記のない場合はMサイズ
（58〜64g）を使用。p.77、83
など一部のレシピで、卵白
の多いLサイズ（64〜70g）
を使いました。

バター（食塩不使用）

チーズケーキのボトムや焼
き菓子に。塩分を含まない
ため風味が落ちやすいので、
保存する場合は小分けにし
て冷凍しましょう。

提供：株式会社 明治

薄力粉

焼き菓子に欠かせない、グ
ルテンが少なめの小麦粉。
吸湿しやすいので密閉容器
で保存し、必ずふるってか
ら使うこと。

コーンスターチ

とうもろこしのでんぷん。口
あたりをなめらかに焼き上
げたいチーズケーキなどに
少量を使用。

塩

食卓塩は塩けがとがってい
るので、味がまろやかな、あ
ら塩などの天然塩を使用し
てください。

レモン

防かび剤不使用の国産レモ
ンを使用。表皮を使用する
場合は、よく水洗いします。

バニラビーンズ・
バニラオイル

甘い香りの香料で、抽出し
たオイルはより手軽で便利。
ビーンズ½本＝オイル3〜
4滴におきかえてもOKです。

バニラビーンズ提供：
エスビー食品株式会社

粉ゼラチン

動物性たんぱく質のコラー
ゲンからできた凝固剤で、
レアチーズケーキやムース
など、冷やし固めるデザート
に使用。水でふやかしてか
ら使ってください。

PART 1

BAKED CHEESECAKE

オーブンで焼くチーズケーキ

ベイクドタイプのチーズケーキ6種類を、
基本からていねいに解説しました。材料
を混ぜ合わせて焼くだけのシンプルな
ニューヨークチーズケーキや、バスクチー
ズケーキ、メレンゲでふわっと軽く仕上
げたスフレチーズケーキ、生のようなとろ
ける口あたりのベイクドレアチーズケーキ
など、違う食感を楽しめます。それぞれ
にバリエーションも紹介しているので、
好みのフレーバーでお楽しみください。

基本のニューヨークチーズケーキ

湯せん焼きにすることで、しっとりなめらかな口あたりに仕上がります。
いくら食べても飽きることのない、私のチーズケーキの基本形です。

‹ BASIC ›

基本のニューヨークチーズケーキ

材料 （15cm角の底取れスクエア型1台分）

【 ボトム 】

A
マリービスケット（市販品）… **9枚**（約50g）
小麦胚芽のクラッカー（市販品）
… **5枚**（約12g）

バター（食塩不使用）… **40g**

【 生地 】

クリームチーズ … **200g**

きび砂糖 … **70g**

B
サワークリーム … **100g**
コーンスターチ … **大さじ1**
バニラビーンズ … **½本**
（またはバニラオイル … 3〜4滴）
卵 … **2個**
生クリーム … **100㎖**
レモン汁 … **小さじ2**

準備

● 型の底と側面を二重のアルミホイルで覆う（**a**）。

※湯せん焼きにするため、湯が入らないように角を折り上げて包む。底を押し上げると外れるので注意すること。

● バニラビーンズは縦に切り込みを入れ、ナイフの刃先の背で種をしごき出す（**b**）。

● バターを耐熱容器に入れてラップをかけ、電子レンジ（200W）で1分〜1分30秒加熱してとかす。

● 熱湯を用意する（湯せん焼き用）。

● オーブンを180度に予熱する。

a

b

ボトムを作る

Aをジッパーつきの袋に入れ、めん棒で軽く叩く。細かくなったらめん棒を転がしてつぶし、さらに細かくする。

※袋が破れることがあるので、力を入れすぎないこと。

とかしたバターをあたたかいうちに **1** に入れて入れ口をとじ、袋の上からもみ混ぜて全体をなじませる。

型に入れ、スプーンなどで軽く押して底全体に敷き詰める。

POINT

ボトムは冷蔵で1週間、冷凍で1カ月ほど保存可能なので、時間のあるときに作っておくと便利。冷凍の場合は耐熱容器に入れてラップをかけ、電子レンジ（200W）で2～3分加熱してから使いましょう。

生地を作る

クリームチーズをラップで包み、電子レンジ（200W）で3～4分加熱する。中心にかたい部分が残らない程度にやわらかくなればよい。

大きめのボウルに入れ、なめらかになるまで泡立て器でぐるぐると練る。

6

きび砂糖を加え、よくすり混ぜる。

POINT

きび砂糖を加えると粘りが出て手ごたえが重く
なりますが、全体が均一になるまでしっかりと
混ぜましょう。

7

Bの材料を順に加えていく。まずサワークリームを
加えて混ぜ、コーンスターチ、バニラビーンズを加
えて混ぜる。

※チーズとかたさの近い材料から順に加え、少しずつとき
　のばしていくのがポイントです。

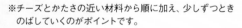

8

卵を1個ずつ加え、そのつどよく混ぜる。

※卵は水分が多く、一度にすべて加えるとクリームチーズ
　がダマになることがあります。

9

生クリームを加えて混ぜる。

10

レモン汁を加えて混ぜる。最後はゴムべらにかえ
て底までしっかりと、全体が均一になめらかになる
まで混ぜる。

生地をこす

別のボウルに万能こし器をセットして生地をこす。

POINT

なめらかに見えてもクリームチーズの粒が残っているので、この手間を惜しまないこと。裏についた生地はゴムべらでこそげとりましょう。

オーブンで焼く

バットにのせた型に流し入れ、天板にのせる。

オーブンに天板をセットしてから、バットに1㎝高さまで湯を注ぐ。180度で30分焼き、うっすらと焼き色がついたら150度に下げて30分焼く（全体で約60分）。

※やけどに注意。途中で湯が少なくなったら注ぎ足して、湯せん焼きの状態が続くようにします。

焼き上がったらすぐにオーブンから出し、型と生地の間にパレットナイフの先端を1㎝ほどさし込み、ぐるりと1周して型からはがす。

※こうすることで、全体が均一に沈んで平らになります。

完成！

型のまま冷まし、手で持てるくらいになったらそのまま冷蔵室に入れ、さらに3時間以上冷やす。

※あたたかいうちだと水滴がつくため、完全に冷えてからラップをかけましょう。

※ひと晩以上冷やすと味が締まってよりおいしくなります。保存は冷蔵で3～4日が目安。

チーズケーキのとり出し方

熱したふきんやタオルで型をあたためるときれいにとり出せます。
ベイクドタイプもレアチーズケーキも同様に。

水でぬらしてしぼったふきんを電子レンジ(600W)で1分ほど加熱し、型の底と側面にあててあたためる(ベイクドチーズケーキは5〜10秒、レアチーズケーキは3〜5秒)。

型よりも高さのある台(缶詰など)にのせ、型の枠を両手でゆっくりと押し下げてはずす。

型の底とボトムの間にパレットナイフをさし込んではがす。

チーズケーキの切り方

きれいに切り分けるためには、熱湯を用意して、ナイフをよくあたためておきましょう。
生地がくっつきにくい細身のナイフがおすすめです。

ペティナイフ(下)か細身のブレッドナイフ(上)を使う。

熱湯にナイフをひたしてあたため、キッチンペーパーで水けをふきとる。

ナイフの刃先をケーキにあて、まっすぐ下におろして切る。

ボトムまで切れたらそっと手前に引き抜く。

POINT

ナイフについた生地は切るつどきれいにふきとりましょう。

2〜**4**をくり返して、1切れずつカットする。
※チーズケーキは冷凍保存(約1カ月)も可能。カットしてからラップで包み、さらに密閉容器などに入れて冷凍室へ。室温だと水っぽくなるため、解凍は冷蔵室で。電子レンジは使わないこと。

ベリーソースと
ナッツソース

本書のチーズケーキはやや甘さ控えめにしています。
お好みで、ミネラルたっぷりのメープルシロップやオリーブオイルを加えたフルーツやナッツのソースを添え、風味や食感の変化をお楽しみください。

メープルブルーベリーソース

材料 （作りやすい分量）

ブルーベリー … 100g
メープルシロップ … 50g

※ベリーは冷凍でも生でも作れます。

作り方

耐熱ボウルに材料を入れ（**a**）、ラップなしで電子レンジ（600W）で2〜3分加熱して冷まします（**b**）。

※ラップをせずに水分をとばします。冷えるとかたくなるため、ややゆるめで加熱をやめてください。

※ボウルについたアクはとり除き、煮沸消毒したびんなどに入れて冷蔵で2〜3週間保存可能。

ナッツソース

ナッツだけを添えるよりもチーズケーキになじみます。

材料 （作りやすい分量）

ミックスナッツ（素焼き） … 50g
メープルシロップ
（またはオリーブオイル） … 70〜80㎖

※オリーブオイルの場合は新鮮なエクストラヴァージンオリーブオイルを使いましょう（**c**）。

作り方

煮沸消毒したびんにナッツを入れ、メープルシロップ（またはオリーブオイル）をひたひたに注ぎ（**d**）、半日以上おく。

※メープルシロップを使うとしっとりやわらかくなり、オリーブオイルではナッツの食感が残ります。

※保存は冷蔵で1〜2週間が目安。

応用 ベリーソース

材料 （作りやすい分量）

ブルーベリー（またはいちご） … 100g（正味）
きび砂糖 … 35〜40g
レモン汁 … 小さじ½

作り方

メープルブルーベリーソースを参照。加熱時間は電子レンジ（600W）で4〜5分が目安。

⟨ VARIATION ⟩

基本のニューヨークチーズケーキに甘ずっぱいミックスベリーを入れて焼くだけ。
好みのベリー1種類だけでもおいしく作れます。

材料 （15cm角の底取れスクエア型1台分）

【 ボトム 】

A
| マリービスケット（市販品）… 9枚（約50g）
| 小麦胚芽のクラッカー（市販品）
| … 5枚（約12g）
バター（食塩不使用）… 40g

【 生地 】

クリームチーズ … 200g
きび砂糖 … 70g

B
| サワークリーム … 100g
| コーンスターチ … 大さじ1
| バニラビーンズ … ½本
| （またはバニラオイル … 3〜4滴）
| 卵 … 2個　生クリーム … 100mℓ
| レモン汁 … 小さじ1

ミックスベリー（冷凍）…80g

準備

●p.16と同様にする。

ミックスベリー（ラズベリー、
ブルーベリー、いちご）

あざやかな色に焼き上が
る冷凍品を凍ったまま使
用。生でももちろんOK。

作り方　●くわしくはp.17〜19を参照する。

1　ボトムを作る。Aを細かくつぶし、とかしたバターを
混ぜて型に入れ、底全体に敷き詰める。

2　生地を作る。クリームチーズをラップで包み、電子
レンジ（200W）で3〜4分加熱してやわらかくし、ボ
ウルに入れて泡立て器で練る。

3　きび砂糖を加えて混ぜ、Bの材料を順に加え、その
つどよく混ぜる。最後はゴムべらで混ぜる。

4　生地をこし、ミックスベリーを加えてさっと混ぜ（a）、
バットにのせた型に流し入れる。

5　天板にのせてオーブンにセットし、バットに1cm高さ
まで湯を注ぐ。180度で30分、150度に下げて30
分焼き（全体で約60分）、すぐにオーブンから出す。
型と生地の間にパレットナイフの先端をさし込み、
ぐるりと1周する。

6　型のまま冷まし、冷蔵室に入れてさらに3時間以上
冷やす。
※保存は冷蔵で3〜4日が目安。

a

⟨ VARIATION ⟩

食物繊維やβ-カロテン、ビタミンCを多く含むかぼちゃをふんだんに使って。
ひと手間加えた、サワークリームトップのさわやかな酸味がぴったりです。

材料 (直径15cmの底取れ丸型1台分)

【 ボトム 】

A
- マリービスケット (市販品) … 9枚 (約50g)
- 小麦胚芽のクラッカー (市販品) … 5枚 (約12g)

バター (食塩不使用) … 40g

【 生地 】

クリームチーズ … 200g

きび砂糖 … 100g

B
- サワークリーム … 100g
- バニラオイル … 3〜4滴
- シナモンパウダー … 小さじ1
- オールスパイス … 小さじ1
- かぼちゃ … 250g (準備後150g)
- 卵 … 2個
- 生クリーム … 50㎖
- 牛乳 … 50㎖

【 サワークリームトップ 】

- サワークリーム … 180g
- 生クリーム…… 大さじ1
- きび砂糖 … 40g

準備

● p.16と同様にする (バニラビーンズの準備は不要)。

● かぼちゃは皮とわたを除いて一口大に切る。さっと水をかけて耐熱容器に入れ、ラップをかけて電子レンジ (600W) で5〜6分加熱し、つぶして150g計量する。

作り方

1〜3 「ミックスベリーのニューヨークチーズケーキ」と同様に作る。**B**のかぼちゃ150gを加えるところ (**a**)。

4 生地をこし、バットにのせた型に流し入れる。

5 「ミックスベリーのニューヨークチーズケーキ」と同様に焼く。

6 型のまま、手で持てる程度に冷ます。

7 サワークリームトップを作る。材料を耐熱容器に入れて泡立て器で混ぜ、電子レンジ (600W) で30秒加熱して混ぜる。

8 もう一度オーブンを200度に予熱する。**6**の上面に**7**を流し入れ (**b**)、5〜6分焼いて表面を焼き固める。オーブンから出して型のまま冷まし、冷蔵室に入れてさらに3時間以上冷やす。

※**8**では湯せん焼きの必要はありません。
※保存は冷蔵で3〜4日が目安。

a

b

23

基本のオールドファッションチーズケーキ

レトロな喫茶店で見かけるような、昔ながらの定番チーズケーキ。
メレンゲを加えているので、見た目よりも軽い食感です。

〈 BASIC 〉

基本のオールドファッションチーズケーキ

材料（直径15cmの底取れ丸型1台分）

クリームチーズ … 200g
きび砂糖 … 40g

A
| サワークリーム … 100g
| バニラオイル … 3〜4滴
| 卵黄 … 2個分
| 牛乳 … 大さじ2
| レモンの表皮（国産） … ½〜1個分
| レモン汁 … 大さじ1½

薄力粉 … 50g

B
| 卵白 … 2個分
| きび砂糖 … 60g

準備

● 型の底にオーブンシートを敷く（**a**）。
● レモンはよく洗って黄色い部分をすりおろし、汁をしぼって計量する。
● オーブンを160度に予熱する。

a

クリームチーズをラップで包み、電子レンジ(200W)で3～4分加熱してやわらかくし、ボウルに入れて泡立て器で練る。きび砂糖40gを加えてすり混ぜる。

Aの材料を順に加え、そのつどよく混ぜる。

薄力粉をふるい入れて混ぜる。

Bでメレンゲを作る。別のボウルに卵白を入れ、ハンドミキサーで泡立てる。白っぽくなったらきび砂糖の半量を加えて泡立て、残りのきび砂糖を加えてさらに泡立てる。

ピンとツノが立てばメレンゲの完成。3 に1/3量ずつ加え、そのつど泡をつぶさない程度にさっと混ぜる。

最後はゴムべらにかえ、底から大きく生地をすくっては手首を返し、黄色っぽい筋が見えなくなるまでムラなく混ぜる。

型に流し入れる。

表面を平らにならして天板にのせ、160度のオーブンで50～60分焼く。

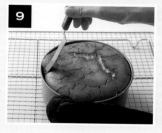

焼き上がったらすぐにオーブンから出し、型と生地の間にパレットナイフの先端を2cmほどさし込んではがす。型のまま冷まし、手で持てるくらいになったら冷蔵室に入れ、さらに3時間以上冷やす。
※保存は冷蔵で3～4日が目安。

VARIATION ›

ドライフルーツとナッツのオールドファッションチーズケーキ

食物繊維やビタミンたっぷりのドライフルーツとナッツを加えたら、
小さな1切れでも食べごたえのあるチーズケーキになりました。

材料 （15cm角の底取れ丸型1台分）

クリームチーズ … 200g

きび砂糖 … 40g

A
サワークリーム … 100g
バニラオイル … 3〜4滴
卵黄 … 2個分
牛乳 … 大さじ2
レモンの表皮（国産）… ½〜1個分
レモン汁 … 大さじ1½

薄力粉 … 60g

B
卵白 … 2個分
きび砂糖 … 60g

ドライフルーツ
（いちじく、クランベリー、レーズンなど）… 40g

ミックスナッツ（素焼き）
（アーモンド、ピスタチオ、くるみなど）… 80g

作り方 ● くわしくはp.27を参照する。

1 クリームチーズをラップで包み、電子レンジ（200W）で3〜4分加熱してやわらかくし、ボウルに入れて泡立て器で練る。きび砂糖40gを加えて混ぜる。

2 Aの材料を順に加えてそのつどよく混ぜ、薄力粉をふるい入れて混ぜる。

3 Bを泡立ててメレンゲを作り、2に⅓量ずつ加えてさっと混ぜ、最後はゴムべらでムラなく混ぜる。

4 生地の⅓量を型に流し入れ、ドライフルーツとミックスナッツの各半量を散らす（a）。これをくり返し、残った生地をかぶせる。

5 160度のオーブンで50〜60分焼く。

6 オーブンから出し、パレットナイフで側面のシートをはがして引き抜く。型のまま冷まし、冷蔵室に入れてさらに3時間以上冷やす。
※保存は冷蔵で3〜4日が目安。

準備

● p.26と同様にする。

● p.32を参照して、生地があふれないように側面の内側にシートをはりつける。

● 大きいドライフルーツは1〜1.5cm角に切る。

a

⟨ VARIATION ⟩

クリームチーズのかわりにハード系チーズを使い、甘さをぐっと抑えてアレンジしました。
塩けとチーズの強い風味が赤ワインやビールなどのお酒にもよく合います。

材料 （15cm角の底取れスクエア型1台分）

ゴーダ※ … 100g
生クリーム … 100ml
サワークリーム … 100g
卵黄 … 2個分

A
バニラオイル … 3〜4滴
塩 … 小さじ⅓
牛乳 … 大さじ1
レモンの表皮(国産) … ½〜1個分
レモン汁 … 大さじ1½

薄力粉…50g

B
卵白…2個分
きび砂糖…30g

※チーズはマリボー、チェダーなどでもおいしく作れます。

準備

● p.26と同様にする。

作り方 ● くわしくはp.27を参照する。

1 ゴーダを1cm角に切り、耐熱容器に入れる。生クリームの半量を注いで（**a**）ラップをかけ、電子レンジ（600W）で2分ほど加熱する。ゴーダがとけたら泡立て器で混ぜ、残りの生クリームを加えて混ぜる。

2 別のボウルにサワークリームを入れて泡立て器で練り、卵黄（**b**）、**1**を加えて混ぜる（**c**）。

3 Aの材料を順に加えてそのつどよく混ぜ、薄力粉をふるい入れて混ぜる。

4 Bを泡立ててメレンゲを作り、**3**に⅓量ずつ加えてさっと混ぜ、最後はゴムべらでムラなく混ぜる。

5 生地を型に流し入れ、160度のオーブンで50〜60分焼く。

6 オーブンから出して型のまま冷まし、冷蔵室に入れてさらに3時間以上冷やす。
※保存は冷蔵で3〜4日が目安。

a

b

c

基本のスフレチーズケーキ

口に入れるとふわっととろける、メレンゲ入りのチーズケーキ。
サワークリームを使わず、レモンの風味で軽やかに仕上げています。

〈 BASIC 〉

基本のスフレチーズケーキ

材料 （直径15cmの底取れ丸型1台分）

クリームチーズ … 200g

A
| 卵黄 … 3個分
| コーンスターチ … 大さじ2
| 牛乳 … 100mℓ
| レモン汁 … 大さじ2
| バニラオイル … 3〜4滴

B
| 卵白 … 3個分
| きび砂糖 … 70g

準備

● 型の底にオーブンシートを2枚敷く。生地があふれないように側面内側の上半分にサラダ油（分量外）を塗り、30×5cmのオーブンシート2枚を油を塗った部分にぐるりとはりつける。型の底と側面を二重のアルミホイルで覆う（**a**）。

※湯せん焼きにするため、湯が入らないように包む。底を押し上げると外れるので注意すること。

● 熱湯を用意する（湯せん焼き用）。

● オーブンを180度に予熱する。

a

1 クリームチーズをラップで包み、電子レンジ（200W）で3〜4分加熱してやわらかくし、ボウルに入れて泡立て器で練る。

2 Aの材料を順に加え、そのつどよく混ぜる。

3 万能こし器で生地をこす。

4 Bでメレンゲを作る。別のボウルに卵白ときび砂糖を入れてハンドミキサーで泡立て、ツノが曲がる程度にゆるめに泡立てる。

※ピンとツノが立つまで泡立てると表面が割れてしまうので、ゆるめにするのがコツ。

5 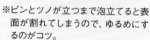 3 に 4 を1/3量ずつ加え、そのつど泡をつぶさない程度にさっと混ぜる。

6 最後はゴムべらで底から大きく生地をすくっては手首を返し、黄色っぽい筋が見えなくなるまでムラなく混ぜる。

7 バットにのせた型に流し入れて表面を平らにならし、天板にのせる。

8 天板をオーブンにセットしてから、バットに1cm高さまで湯を注ぐ。180度で15〜20分焼き、うっすらと焼き色がついたら120度に下げて40〜45分焼く（全体で約55〜65分）。

※やけどに注意。途中で湯が少なくなったら注ぎ足して、湯せん焼きの状態が続くようにします。

9 焼き上がったらすぐにオーブンから出し、パレットナイフで側面のシートをはがしてそっと引き抜く。型のまま冷まし、手で持てるくらいになったら冷蔵室に入れ、さらに3時間以上冷やす。

※シートをすぐにはがすことで、全体が均一に沈んで平らになります。

※保存は冷蔵で3〜4日が目安。

〈 VARIATION 〉

黒ごまと豆乳の
マーブルスフレチーズケーキ

ビタミンやカルシウムが豊富で香ばしいねりご
まと豆乳を使って。白ごまでも作れますが、シッ
クなモノトーンのマーブルに仕上げました。

〈 VARIATION 〉

コーヒーの
スフレチーズケーキ

ポリフェノールたっぷりで、手軽なインスタント
コーヒーを使ったアレンジ。チーズケーキと好
相性なコーヒーの香りが、口いっぱいに広がり
ます。

材料 （直径15cmの底取れ丸型1台分）

クリームチーズ … 200g

A
- 卵黄 … 3個分
- コーンスターチ … 大さじ2
- レモン汁 … 小さじ1

インスタントコーヒー（顆粒）… 大さじ1
熱湯 … 100ml

B
- 卵白 … 3個分
- きび砂糖 … 80g

インスタントコーヒー（顆粒）… 小さじ1

準備

● p.32と同様にする。

● インスタントコーヒー大さじ1と熱湯を混ぜて冷ます。小さじ1は**5**で加えるのでそのままにしておく（**a**）。

a

作り方　● くわしくはp.33を参照する。

1　クリームチーズをラップで包み、電子レンジ（200W）で3〜4分加熱してやわらかくし、ボウルに入れて泡立て器で練る。

2　**A**の材料を順に加え、そのつどよく混ぜる。

3　とかしておいたコーヒー液を加えて混ぜ、万能こし器で生地をこす。

4　**B**を泡立ててゆるめのメレンゲを作り、1/3量ずつ加えてさっと混ぜ、最後はゴムべらでムラなく混ぜる。

5　インスタントコーヒー小さじ1を加えてさっと混ぜ、すぐにバットにのせた型に流し入れる。

6　天板にのせてオーブンにセットし、バットに1cm高さまで湯を注ぐ。180度で15〜20分、120度に下げて40〜45分焼く（全体で約55〜65分）。

7　焼き上がったらすぐにオーブンから出し、パレットナイフで側面のシートをはがして引き抜く。型のまま冷まし、冷蔵室に入れてさらに3時間以上冷やす。
※保存は冷蔵で3〜4日が目安。

材料 （直径15cmの底取れ丸型1台分）

クリームチーズ … 200g

A
- 卵黄 … 3個分
- コーンスターチ … 大さじ1
- ねりごま（黒）… 30g※
- 豆乳 … 100ml
- レモン汁 … 大さじ1

B
- 卵白 … 3個分
- きび砂糖 … 70g

ねりごま（黒）… 20g
※ねりごまは沈殿するのでよく混ぜてから計量すること。

準備

● p.32と同様にする。

作り方

1〜2　「コーヒーのスフレチーズケーキ」と同様に作り、万能こし器で生地をこす。

3　**B**を泡立ててゆるめのメレンゲを作り、**2**に1/3量ずつ加えてさっと混ぜ、最後はゴムべらでムラなく混ぜる。

4　生地をレードル2杯分（約100g）とり分け、ねりごま20gを加えて混ぜ、濃い色の生地を作る（**a**）。

5　バットにのせた型に**3**の生地の半量を流し入れ、**4**の濃い色の生地の半量を円を描きながら流し入れる。残りも同様にして入れ、菜箸などで軽く混ぜてマーブル模様をつける（**b**）。

6〜7　「コーヒーのスフレチーズケーキ」と同様に焼く。

a

b

基本のベイクドレアチーズケーキ

ベイクドなのに、生クリームを固めたような、クリーミーな口あたり。
20年以上前に考案した自慢のレシピをさらにブラッシュアップさせました。

⟨ BASIC ⟩

基本のベイクドレアチーズケーキ

材料 （15cm角の底取れスクエア型1台分）

【 ボトム 】

A
マリービスケット(市販品) … **9枚**(約50g)
小麦胚芽のクラッカー(市販品)
… **5枚**(約12g)

バター(食塩不使用) … **40g**

【 生地 】

クリームチーズ … **200g**

きび砂糖 … **50g**

B
プレーンヨーグルト … **100g**
卵白 … **2個分**
生クリーム … **120㎖**
レモン汁 … **大さじ1**
バニラオイル … **3〜4滴**
キルシュ(または牛乳) … **小さじ2**

準備

● 型の底と側面を二重のアルミホイルで覆う（**a**）。
　※湯せん焼きにするため、湯が入らないように角を折り上げて包む。底を押し上げると外れるので注意すること。

● バターを耐熱容器に入れてラップをかけ、電子レンジ（200W）で1分〜1分30秒加熱してとかす。

● 熱湯を用意する（湯せん焼き用）。

● オーブンを180度に予熱する。

a

1 ボトムを作る。**A**を細かくつぶし、とかしたバターを加え混ぜて型に入れ、底全体に敷き詰める。
※くわしくはp.17の **1**～**3** を参照してください。

2 生地を作る。クリームチーズをラップで包み、電子レンジ（200W）で3～4分加熱してやわらかくする。ボウルに入れて泡立て器で練り、きび砂糖を加えてすり混ぜる。

3 **B**の材料を順に加え、そのつどよく混ぜる。プレーンヨーグルトを加えるところ。

4 卵白、生クリーム、レモン汁、バニラオイル、キルシュを加えるところ。卵白は1個分ずつ入れると混ぜやすい。最後はゴムべらにかえてムラなく混ぜる。

5 万能こし器で生地をこす。

6 型に流し入れ、バットにのせる。天板にのせ、オーブンにセットする。

7 バットに1cm高さまで湯を注ぎ、180度で30分、150度に下げて30分焼く（全体で約60分）。

8 オーブンから出して型のまま冷まし、手で持てるくらいになったら冷蔵室に入れ、さらに3時間以上冷やす。
※保存は冷蔵で3～4日が目安。

〈 VARIATION 〉

マンゴーのベイクドレアチーズケーキ

トロピカルフルーツの中でも人気の高いマンゴーは、β-カロテンやカリウムが豊富。
ぎゅっと濃縮したピュレとフレッシュのダブル使いでぜいたくに。

材料 （15㎝角の底取れスクエア型1台分）

【 ボトム 】

| | マリービスケット(市販品) … 9枚 (約50g) |
| A | 小麦胚芽のクラッカー(市販品) … 5枚 (約12g) |

バター(食塩不使用) … 40g

【 生地 】

クリームチーズ…200g
きび砂糖…60g

	マンゴーピュレ(冷凍)…120g
B	卵白…2個分
	生クリーム…120㎖
	レモン汁…小さじ1½

マンゴー…1個
セルフィーユ(好みで)…少々

準備

● p.38と同様にする(オーブンは200度に予熱する)。

● マンゴーピュレを室温で解凍する。

● マンゴーは皮をむき、1〜1.5㎝角に切る。

作り方 ● くわしくはp.39を参照する。

1 ボトムを作る。Aを細かくつぶし、とかしたバターを混ぜて型に入れ、底全体に敷き詰める。

2 生地を作る。クリームチーズをラップで包み、電子レンジ(200W)で3〜4分加熱してやわらかくする。ボウルに入れて泡立て器で練り、きび砂糖を加えて混ぜる。

3 Bの材料を順に加え(a)、そのつどよく混ぜる。最後はゴムべらにかえてムラなく混ぜ、万能こし器で生地をこす。

4 型にマンゴーの半量を並べ、生地をそっと流し入れ(b)、バットにのせる。

5 天板にのせてオーブンにセットする。バットに1㎝高さまで湯を注ぎ、200度で20分、140度に下げて40分焼く(全体で約60分)。オーブンから出して型のまま冷まし、冷蔵室に入れてさらに3時間以上冷やす。食べる直前に残りのマンゴーとセルフィーユを飾る。

※保存は冷蔵で2〜3日が目安。

a b

⟨ VARIATION ⟩

1人分ずつ小さな容器で焼き上げるので、そのままスプーンですくって食べてもOK。
ミネラルたっぷりの黒砂糖がとけてキャラメルソースのようになる、チーズプリン風デザート。

材料 （容量130㎖の耐熱グラス6〜7個分）

【 生地 】

クリームチーズ … 200g

黒砂糖（粉末）… 50g

A │ プレーンヨーグルト … 100g
　│ 卵白 … 2個分
　│ 生クリーム … 160㎖

黒砂糖（ブロック）… 50〜60g

準備

● 熱湯を用意する（湯せん焼き用）。

● オーブンを220度に予熱する。

● 黒糖のブロックは1㎝角程度に砕き、グラスあたり2かけずつ用意する。

※黒砂糖がとけ出るので、小さな容器で作ってください。

作り方

1　「マンゴーのベイクドレアチーズケーキ」の**2**と同様に作るが、きび砂糖は黒砂糖（粉末）にする。

2　**A**の材料を順に加え、そのつどよく混ぜる。最後はゴムべらにかえてムラなく混ぜ、万能こし器で生地をこす。

3　バットにのせた耐熱グラスに生地を等分して流し入れ、黒砂糖（ブロック）を縦に重なるように2かけずつ入れる（**a**）。

4　天板にのせてオーブンにセットする。バットに1㎝高さまで湯を注ぎ、220度で10分、120度に下げて30分焼く（全体で約40分）。オーブンから出して容器のまま冷まし、冷蔵室に入れてさらに3時間以上冷やす。

※保存は冷蔵で2〜3日が目安。

a

基本のバスクチーズケーキ （作り方は p.44）

濃厚でなめらかな口どけが大人気の、バスク地方の名物チーズケーキ。
丸型で焼くと、中心がカスタードクリームのようにとろりと仕上がります。
健康を意識して本場のものより焼き色や甘さをちょっぴり控えめにしています。

基本のチーズテリーヌ（作り方は p.48）

とろけるような舌触りで、おもてなしの一品におすすめ。
パウンド型で湯せん焼きにして、薄くカットして食べます。
ぎりぎりのやわらかさに仕上げているので、食べる直前までしっかり冷やしてください。

⟨ Basic ⟩

基本のバスクチーズケーキ

材料 （直径15cmの底取れ丸型1台分）

クリームチーズ…300g
きび砂糖…80g
卵…3個

A
├ 生クリーム…200ml
├ 牛乳…100ml
├ バニラオイル…3〜4滴
└ レモン汁…小さじ2

準備

- 型から底板を外し、30〜33cm角のオーブンシートをのせ、上からゆっくり底板を押し込む（**a**）。いったんシートを外して底板を入れ直し、シートをセットして外側に折り返す（**b**）。50cm長さのアルミホイルを縦長に四つ折りにし、側面に巻いて端を折り込んでシートを固定する（**c**）。
- オーブンを250度に予熱する。

a

b

c

作り方

1 クリームチーズをラップで包み、電子レンジ（200W）で4〜5分加熱してやわらかくし、ボウルに入れて泡立て器で練る。きび砂糖を加えてすり混ぜる。

2 卵を1個ずつ加え、そのつどよく混ぜる。

※一度に加えると混ぜにくく、クリームチーズがダマになることがあるので、分けて加えましょう。

3 Aの材料を順に加え、そのつどよく混ぜる。生クリームを加えるところ。

4 牛乳、バニラオイル、レモン汁を加えて混ぜるところ。最後はゴムべらにかえてムラなく混ぜる。

5 万能こし器で生地をこす。

6 型に流し入れる。

7 焼く前の状態。天板にのせて250度のオーブンで15分ほど焼き、しっかりと色づいたら210度に下げて10分、さらに180度に下げて15分ほど焼く（全体で約40分）。

8 オーブンから出して型のまま冷まし、手で持てるくらいになったら冷蔵室に入れ、さらに3時間以上冷やす。

※焼き色が薄い場合は最後に220〜230度に上げて様子を見ながら焼き色をつけましょう。

※保存は冷蔵で3〜4日が目安。

〈 VARIATION 〉

ラズベリーの
バスクチーズケーキ

きゅんとした酸味のラズベリーで生地の
甘さを引き締めて。風味の相性はもちろ
ん、切り分けたときに華やかな表情が
出ます。

〈 VARIATION 〉

ブルーチーズの
バスクチーズケーキ

クリームチーズにブルーチーズをブレン
ドして個性的な香りのチーズケーキに。
くるみの食感と香ばしさを加え、食べや
すくマイルドに仕上げています。

ラズベリーのバスクチーズケーキ

材料 （直径15cmの底取れ丸型1台分）

クリームチーズ … 300g
きび砂糖 … 100g

A
卵 … 3個
生クリーム … 200ml
牛乳 … 100ml
レモン汁 … 小さじ2
バニラオイル … 3〜4滴

ラズベリー（冷凍）※ … 30g

※ラズベリーはあざやかな色に焼き上がる冷凍品を
凍ったまま使用（a）。生のものを使ってもよい。

準備

● p.44と同様にする。

作り方 ● くわしくはp.45を参照する。

1　クリームチーズをラップで包み、電子レンジ（200W）で4〜5分加熱してやわらかくし、ボウルに入れて泡立て器で練る。きび砂糖を加えて混ぜる。

2　Aの材料を順に加え（卵は1個ずつ）、そのつどよく混ぜる。最後はゴムべらにかえて混ぜる。

3　万能こし器で生地をこし、ラズベリーを加えてさっと混ぜる。

4　型に流し入れ（b）、250度のオーブンで15分、210度に下げて10分、さらに180度に下げて20分焼く（全体で約45分）。オーブンから出して型のまま冷まし、冷蔵室に入れ、さらに3時間以上冷やす。

※焼き色が薄い場合は最後に220〜230度に上げて焼き色をつけましょう。

※保存は冷蔵で3〜4日が目安。

a

b

ブルーチーズのバスクチーズケーキ

材料 （直径15cmの底取れ丸型1台分）

ブルーチーズ※ … 80g
生クリーム … 80ml
クリームチーズ … 180g
きび砂糖 … 90g

A
卵 … 3個
生クリーム … 80ml
牛乳 … 80ml
レモン汁 … 小さじ2
バニラオイル … 3〜4滴

くるみ（素焼き） … 50g

※ブルーチーズはブレス・ブルーを使うとマイルドに、
ロックフォールにかえると風味が強めになります。

準備

● p.44と同様にする（オーブンは230度に予熱する）。

● くるみをあらみじんに切る。

作り方

1　ブルーチーズは1cm角に切り、2等分する（a）。半量を耐熱容器に入れて生クリーム80mlをかけ、ラップをかけて電子レンジ（600W）で1分ほど加熱してとかし、よく混ぜる。

2　「ラズベリーのバスクチーズケーキ」の1〜2と同様に作る。

3　1でとかしたチーズを加えて混ぜ、万能こし器で生地をこす。残りのブルーチーズを加え（b）、くるみを加えて混ぜる。

4　型に流し入れ、230度のオーブンで15分ほど焼き、210度に下げて10分、さらに180度に下げて15分焼く（全体で約40分）。オーブンから出して型のまま冷まし、冷蔵室に入れ、さらに3時間以上冷やす。

※焼き色が薄い場合は最後に220〜230度に上げて焼き色をつけましょう。

※保存は冷蔵で3〜4日が目安。

a

b

基本のチーズテリーヌ

材料 （9×22×高さ7cmのパウンド型1台分）

クリームチーズ … 200g
きび砂糖 … 100g

A
| サワークリーム … 150g
| バニラビーンズ … ½本
| （またはバニラオイル … 3〜4滴）
| 卵 … 1個
| 生クリーム … 150ml
| 牛乳 … 大さじ2
| レモン汁 … 小さじ1

準備

● 型の外側にオーブンシートをあてて折り目をつけ（**a**）、角に切り込みを入れて余分な重なりをカットする（**b**）。型にサラダ油（分量外）を塗り、シートを敷き込む（**c**）。

● バニラビーンズは縦に切り込みを入れ、ナイフの刃先の背で種をしごき出す。

● 熱湯を用意する（湯せん焼き用）。

● オーブンを180度に予熱する。

a

b

c

作り方

1 クリームチーズをラップで包み、電子レンジ（200W）で3〜4分加熱してやわらかくする。ボウルに入れて泡立て器で練り、きび砂糖を加えてすり混ぜる。

2 **A**の材料を順に加え、そのつどよく混ぜる。サワークリームを加えるところ。

3 バニラビーンズを加えるところ。

4 卵を加えて混ぜるところ。

5 生クリーム、牛乳、レモン汁を加えて混ぜるところ。最後はゴムべらにかえてムラなく混ぜる。

6 万能こし器で生地をこす。

7 バットにのせた型に流し入れ、バットごと天板にのせる。

8 オーブンに天板をセットしてから、バットに1cm高さまで湯を注ぐ。180度で20分焼き、ほんのり焼き色がついてきたら120度に下げて40分焼く（全体で約60分）。

9 オーブンから出して型のまま冷まし、手で持てるくらいになったら冷蔵室に入れ、さらに3時間以上冷やす。

※保存は冷蔵で3〜4日が目安。

〈 VARIATION 〉

アボカドとライムのチーズテリーヌ

森のバターと呼ばれるアボカドにはオレイン酸がたっぷり。
アボカド特有のねっとりとした味わいを、ライムのさわやかな酸味と香りで引き締めました。

材料 （9×22×高さ7cmのパウンド型1台分）

クリームチーズ … 200g
きび砂糖 … 90g
サワークリーム … 100g
アボカド※ … 1個（準備後100g）
ライムのしぼり汁 … 小さじ1

A
卵 … 1個
生クリーム … 150mℓ
牛乳 … 大さじ2
ライムの表皮 … ½個分

※アボカドは触るとやや弾力がある完熟のものを
使用（a）。

準備

● p.48と同様にする（バニラビーンズの準備
は不要）。

● ライムはよく洗って緑色の部分をすりおろ
し（b）、汁をしぼって計量する。

　※すりおろした表皮は変色を防ぐため、ラップで
　ぴったりと包んでおく。

● アボカドは皮と種、変色した部分があれば
除いて100g計量し、ライムのしぼり汁を
振ってフォークでつぶす（c）。

作り方 　● くわしくはp.49を参照する。

1　クリームチーズをラップで包み、電子レンジ（200W）
で3〜4分加熱してやわらかくする。ボウルに入れ
て泡立て器で練り、きび砂糖を加えて混ぜる。

2　サワークリーム、つぶしたアボカド100gを順に加え、
そのつどよく混ぜる。

3　Aの材料を順に加え、そのつどよく混ぜる。最後は
ゴムべらにかえてムラなく混ぜる。

4　万能こし器で生地をこし、型に流し入れる。

5　バットごと天板にのせてオーブンにセットし、バット
に1cm高さまで湯を注ぐ。180度で20分、120度に
下げて40分焼く（全体で約60分）。オーブンから出
して型のまま冷まし、冷蔵室に入れてさらに3時間
以上冷やす。

※保存は冷蔵で3〜4日が目安。

a　　　　b　　　　c

〈 VARIATION 〉

ポリフェノール豊富なビターチョコをたっぷりととかし込み、濃厚なテリーヌに。
ほろ苦さと甘みが引き立つよう、酸味はやや控えめの配合にしています。

材料 （9×22×高さ7cmのパウンド型1台分）

クリームチーズ … 250g
きび砂糖 … 100g
サワークリーム … 100g

A | 生クリーム … 150mℓ
  | ビターチョコレート※ … 70g

卵 … 1個
牛乳 … 大さじ3

※チョコレートはカカオ70%以上のものを使ってください。ここでは88%のものを使用。

作り方

1　「アボカドとライムのチーズテリーヌ」の1と同様に作る。

2　サワークリーム、A、卵、牛乳を順に加え、そのつどよく混ぜる。最後はゴムべらにかえてムラなく混ぜる。

3　万能こし器で生地をこし（b）、型に流し入れる。

4　「アボカドとライムのチーズテリーヌ」の5と同様に焼く。
　　※保存は冷蔵で3～4日が目安。

準備

● p.48と同様にする（バニラビーンズの準備は不要）。

● 小鍋にAの生クリームを入れて中火にかけ、沸騰したら火を止めてビターチョコレートを加える（a）。1～2分おき、チョコレートがとけてきたらゴムべらで混ぜてなめらかにとかす。

a

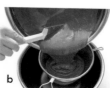

b

チーズケーキと飲み物のこと

でき上がったチーズケーキや焼き菓子は、どんな飲み物と合わせてもよいのですが、私のお気に入りのペアリングを紹介します。ぜひ、その日の気分に合わせて試してみてください。コーヒーや紅茶には砂糖もミルクも入れずストレートで、スイーツの甘さを楽しむのが私のスタイルです。

コーヒー

　好きでよく飲みますが、夜眠りにつきにくくならないよう、午後になったらデカフェ（カフェインレス）のタイプを飲むようにしています。普通のコーヒーと味わいはさほど変わらず、コーヒーポリフェノールも同じくらい含まれているとのこと。豆を挽いて丁寧に抽出するときに立ちのぼるアロマに、いつもいやされています。

　ニューヨークチーズケーキやビターチョコレートのチーズテリーヌ、ブルーチーズのマドレーヌなど、しっかりとした味わいのスイーツと深いりコーヒーを合わせると最高です。

紅茶や中国茶など

　セイロン、イングリッシュブレックファストなどのあっさりした紅茶は、もちろんストレートでも楽しめますが、ケーキ作りで残ったバニラビーンズのさやを捨てずにとっておき、茶葉と一緒にティーポットに入れると、バニラの甘い香りが移ってぐっとおしゃれな味わいになります。

　普段は手軽なティーバッグで、お客さまをもてなす際やリラックスしたいときには、ゴージャスな香りのフレーバーティーでとっておきの一杯を。マリアージュ フレールやクスミティーなどのブランドがお気に入りです。

　口の中がさっぱりする中国茶は、ベイクドチーズケーキや焼き菓子によく合います。よく飲むのは、キンモクセイの香りが上品な桂花美人茶など。
　ハーブティーでは、パイナップルに似たさわやかな香りのクリッパーのカモミールティーが気に入っています。ノンカフェインで、リラックス効果があるので、寝る前にも安心。クレームダンジュやスフレチーズケーキなど、やさしい口あたりのものと合わせるのが定番です。

PART 2

ICE-BOX CHEESECAKE & DESSERT

レアチーズケーキとデザート

とろりとなめらかな口どけで、熱烈なファ
ンの多いレアチーズケーキ。オーブンな
しで手軽に作れるのも魅力です。型がな
ければ、グラスやバットに流し入れて冷
やし固めてもOK。メレンゲやホイップク
リームを加えて軽さを出したムースや、
ヨーグルトを使ったクレームダンジュな
ど、ティータイムや食後のデザートにぴっ
たりのメニューもご紹介します。

基本のレアチーズケーキ

コラーゲンたっぷりのゼラチンで冷やし固めるタイプの、オーブンいらずのチーズケーキ。
ヨーグルトとレモンのさわやかな酸味と、つるんとなめらかな口どけが自慢です。

〈 BASIC 〉

基本のレアチーズケーキ

材料 （直径15㎝の底取れ丸型1台分）

【 ボトム 】

A
- マリービスケット（市販品）… **9枚**（約50g）
- 小麦胚芽のクラッカー（市販品）… **5枚**（約12g）

バター（食塩不使用）… **40g**

【 生地 】

クリームチーズ … **200g**

きび砂糖 … **60g**

B
- プレーンヨーグルト … **120g**
- 生クリーム … **100㎖**
- バニラオイル … **3〜4滴**
- レモン汁 … **小さじ1**

C
- 水 … **大さじ2**
- 粉ゼラチン … **5g**

生クリーム … **100㎖**

準備

- バターを耐熱容器に入れてラップをかけ、電子レンジ（200W）で1分〜1分30秒加熱してとかす。

- 耐熱容器に**C**の水を入れ、粉ゼラチンを振り入れて軽く混ぜ、ふやかす（**a**）。

a

ボトムを作る。**A**を細かくつぶし、とかしたバターを加え混ぜて型に入れ、底全体に敷き詰める。
※くわしくはp.17の **1** ～ **3** を参照してください。

生地を作る。クリームチーズをラップで包み、電子レンジ（200W）で3～4分加熱してやわらかくする。ボウルに入れて泡立て器で練り、きび砂糖を加えてすり混ぜる。

Bの材料を順に加え、そのつどよく混ぜる。まずプレーンヨーグルトを加えてよく混ぜる。

生クリーム100mℓ、バニラオイル、レモン汁を加えるところ。

ふやかしておいた**C**のゼラチンに生クリーム100mℓを加える。ラップをかけて電子レンジ（200W）で1分～1分30秒加熱してとかし、混ぜる。

4 に **5** を加えて混ぜ、最後はゴムべらでムラなく混ぜる。

万能こし器で生地をこす。

型に流し入れる。

冷蔵室で3時間以上冷やし固める。
※保存は冷蔵で2～3日が目安。

〈 VARIATION 〉

いちごのレアチーズケーキ

ヨーグルトのかわりに、甘ずっぱくてビタミンCの豊富なストロベリーピュレをたっぷり加えて。
冷凍のピュレを使うことで、きれいなピンク色に仕上がります。

材料 （直径15cmの底取れ丸型1台分）

【 ボトム 】

A
| マリービスケット(市販品) … 9枚(約50g)
| 小麦胚芽のクラッカー(市販品)
| … 5枚(約12g)

バター(食塩不使用) … 40g

【 生地 】

クリームチーズ … 200g
きび砂糖 … 60g
ストロベリーピュレ(冷凍) … 140㎖
生クリーム … 100㎖
レモン汁 … 小さじ1

B
| 水 … 大さじ2
| 粉ゼラチン … 5g

生クリーム … 50㎖
いちご(飾り用) … 6〜8個

準備

● p.57と同様にする。

● 型の側面内側に4.5×50cm
のムースフィルム(ケーキ用の
透明テープ)を入れる(a)。

※側面が変色する場合があるた
め、フィルムを入れてください。

● ストロベリーピュレを室温で
解凍する(b)。

作り方 ● くわしくはp.57を参照する。

1 ボトムを作る。Aを細かくつぶし、とかしたバターを
加え混ぜて型に入れ、底全体に敷き詰める。

2 生地を作る。クリームチーズをラップで包み、電子
レンジ(200W)で3〜4分加熱してやわらかくする。
ボウルに入れて泡立て器で練り、きび砂糖を加えて
混ぜる。

3 ストロベリーピュレ、生クリーム100㎖、レモン汁を
順に加えて混ぜる。

4 ふやかしたBに生クリーム50㎖を加え、ラップをか
けて電子レンジ(200W)で1分〜1分30秒加熱して
とかす。

5 3に加えて混ぜ、最後はゴムべらでムラなく混ぜる。

6 万能こし器で生地をこし、型に流し入れる。冷蔵室
で3時間以上冷やし固める。食べる直前にいちごを
飾る。
※保存は冷蔵で2〜3日が目安。

a   b

⟨ VARIATION ⟩

カリウムや食物繊維を含む健康食材のバナナとチョコは大人気の組み合わせ。
チョコはあらく刻むとザクザク、細かくするとプチプチした口あたりを楽しめます。

材料 （15cm角の底取れスクエア型1台分）

【ボトム】

A
- マリービスケット（市販品）… 9枚（約50g）
- 小麦胚芽のクラッカー（市販品）… 5枚（約12g）

バター（食塩不使用）… 40g

【生地】

クリームチーズ … 200g
きび砂糖 … 60g
プレーンヨーグルト … 100g
バニラオイル … 4〜5滴
レモン汁 … 小さじ1

B
- 水 … 大さじ2
- 粉ゼラチン … 5g

生クリーム … 150ml
ビターチョコレート … 20g
バナナ（大）… 2本

準備

● p.57と同様にする。

● チョコレートをみじん切りにする（a）。

作り方

1〜2 「いちごのレアチーズケーキ」と同様に作る。

3 プレーンヨーグルト、バニラオイル、レモン汁を順に加えて混ぜる。

4 ふやかした**B**に生クリームのうち50mlを加え、ラップをかけて電子レンジ（200W）で1分〜1分30秒加熱してとかす。

5 **3**に加えて混ぜ、万能こし器で生地をこす。

6 残りの生クリームを別のボウルに入れ、氷水にあてて八分立て（ぽってりとまとまって落ちる程度）にし、**5**に2回に分けて加える。刻んだチョコレートを加えて混ぜ（**b**）、最後はゴムべらでムラなく混ぜる。

7 型にバナナを並べ、生地をそっと流し入れる（**c**）。表面をならし、冷蔵室で4時間以上冷やし固める。

※曲がったバナナは手で割れ目を入れてまっすぐにします。残ったら飾りに使いましょう。

※保存は冷蔵で2〜3日が目安。

a

b

c

しょうがとナッツのレアチーズケーキ

生のしょうがに含まれるジンゲロールは抗酸化作用や血行
促進効果があるとされます。酵素の働きでゆるめの口あ
たりに仕上がるため、ゼラチンを多めに加えています。

豆乳と塩レモンの
レアチーズケーキ

イソフラボンが豊富で低糖質な豆乳を使って、あっさり
とした味わいに。塩レモンは細かく刻んで上に散らした
り、生地に混ぜ込んだりしてもおいしいです。

材料 （容量150mlのグラス6〜7個分）

生クリーム … 100ml
クリームチーズ … 200g
きび砂糖 … 60g
A｜プレーンヨーグルト … 70g
　｜レモン汁 … 小さじ1
しょうが … 2個(約150g)
B｜水 … 大さじ4
　｜粉ゼラチン … 10g
生クリーム … 大さじ2
ナッツソース(オリーブオイル／p.21)
… 大さじ2〜3

準備

● 耐熱容器にBの水を入れ、粉ゼラチンを振り入れて軽く混ぜ、ふやかす。

● しょうがは水洗いし、皮ごとすりおろす。万能こし器でしっかりとこし、汁をしぼって100ml計量する(a)。

● 生クリーム100mlはボウルに入れ、氷水にあてて八分立て(ぼってりとまとまって落ちる程度)にし、冷蔵室で冷やしておく。

作り方

1 クリームチーズをラップで包み、電子レンジ(200W)で3〜4分加熱してやわらかくする。ボウルに入れて泡立て器で練り、きび砂糖を加えて混ぜる。

2 Aの材料、しょうが汁を順に加えてそのつどよく混ぜる。

3 ふやかしたBに生クリーム大さじ2を加え、ラップをかけて電子レンジ(200W)で1分〜1分30秒加熱してとかす。2に加えて混ぜ、万能こし器で生地をこす。

4 泡立てておいたホイップクリームを2回に分けて加え、最後はゴムべらでムラなく混ぜる。

5 グラスに等分して流し入れ、冷蔵室で4時間以上冷やし固める。食べる直前にナッツソースを飾る。
※保存は冷蔵で2〜3日が目安。

a

材料 （容量150mlのグラス6〜7個分）

クリームチーズ … 100g
きび砂糖 … 45g
A｜豆乳 … 200ml
　｜レモン汁 … 小さじ2
B｜水 … 大さじ2
　｜粉ゼラチン … 5g
生クリーム … 50ml
塩レモン(作り方は右記) … 6〜7枚

※塩レモンを生地に加える場合は2枚をみじん切りにし、3の最後に加えます

準備

● 耐熱容器にBの水を入れ、粉ゼラチンを振り入れて軽く混ぜ、ふやかす。

作り方

1〜3 「しょうがとナッツのレアチーズケーキ」の1〜3と同様に作るが、しょうが汁は加えない。生クリームは50ml加える。

4 グラスに等分して流し入れ、冷蔵室で3時間以上冷やし固める。食べる直前に塩レモンを飾る。
※保存は冷蔵で2〜3日が目安。

塩レモン

材料 （作りやすい分量）

レモン(国産) … 1個
塩 … 20g

a

作り方

レモンはよく洗って薄い輪切りにし、煮沸消毒したびんに塩と交互に入れる(a)。1日1回上下を返し、冷蔵室で1週間ほどおく。

※保存は冷蔵で1カ月が目安。残ったらドレッシングなどに使えます。

抹茶のティラミス

定番人気のデザートを、カテキンやテアニンが豊富な抹茶でアレンジしました。
リキュールをきかせたシロップをビスケットに含ませ、しっとりと大人の味わいに。

フィンガービスケット(市販品) … 100g
【 シロップ 】
　抹茶 … 大さじ1
　熱湯 … 130㎖
　グリーンティーリキュール … 50㎖
　（またはホワイトラム）
【 クリーム 】
　マスカルポーネ … 250g
　卵黄 … 3個分
　生クリーム … 100㎖
A　卵白 … 3個分
　きび砂糖 … 30g
抹茶(仕上げ用) … 適量

準備

● マスカルポーネは室温に30分～1時間おく。

マスカルポーネ

ほんのり甘く、クリーミーなフレッシュタイプのチーズ。なめらかに仕上がるイタリア産のものを使用。電子レンジで加熱すると分離するので、室温にもどしてから使う。

作り方

1 シロップを作る。小さめのボウルに抹茶大さじ1を入れ、熱湯を少しずつ加えて泡立て器で混ぜ、ときのばす。冷ましてグリーンティーリキュールを加えて混ぜる。

2 容器にフィンガービスケットの半量を一面に並べ、ハケでシロップの半量をしみ込ませる(**a**)。

3 クリームを作る。マスカルポーネをボウルに入れて泡立て器で練り、なめらかになったら卵黄を1個分ずつ加えてそのつど混ぜる(**b**)。

4 生クリームをボウルに入れ、氷水にあてて八分立て(ぽってりとまとまって落ちる程度)にし、**3**に2回に分けて加えて混ぜ、冷蔵室で冷やしておく。

5 Aでメレンゲを作る。別のボウルに卵白を入れてハンドミキサーで泡立て、白っぽくなったらきび砂糖を2回に分けて加えながら、ピンとツノが立つまで泡立てる。

6 **4**にメレンゲを1/3量ずつ加え、そのつど泡をつぶさない程度にさっと混ぜる。最後はゴムべらで底からすくうように混ぜる。

7 **2**に**6**のクリームの半量をのせ、ゴムべらなどで平らにならす。

8 **2**と同様にフィンガービスケットを並べ(**c**)、残りのシロップをハケでしみ込ませる。残りのクリームをのせて表面をならし、冷蔵室で3時間以上冷やす。

9 食べる直前に抹茶を茶こしで振る。
　※抹茶を振りすぎると苦みが強くなるので気をつけること。
　※保存は冷蔵で2～3日が目安。

a

b

c

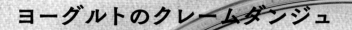

ヨーグルトのクレームダンジュ

本来はフロマージュ・ブランで作るムース風チーズスイーツをヨーグルトでアレンジしました。
大きく作ってラフにとり分けるスタイルなので、専用の型も不要です。
あざやかなグリーンでビタミンCの豊富なキウイソースをぜひ添えて。

材料 （4〜5人分）

プレーンヨーグルト … 400g
（水きり後200g）
はちみつ^{※1} … 40g
生クリーム（乳脂肪35%） … 100㎖

A｜卵白(L) … 1個分
　｜きび砂糖 … 30g

【 キウイソース 】
　｜キウイ^{※2} … 1個
　｜きび砂糖 … 20g
　｜キルシュ（あれば） … 小さじ1

※1 はちみつはマヌカハニーを使用。アカシア
などの国産はちみつでもOK。
※2 フルーツはマンゴー、いちごなどでも。

準備

● ボウルに万能こし器をセットし、キッチ
ンペーパーを2枚重ねる。プレーンヨー
グルトを入れてラップをかけ、冷蔵室
でひと晩（8時間以上）水きりし（a）、使
うときに200g計量する。
　※足りなければ下に出たホエー（乳清）を足す。
　残ったホエーはカルシウムなどの栄養が豊
　富なのでとっておき、6で出たものと合わ
　せて炭酸水とレモン汁で割るとおいしいド
　リンクに。
● 清潔なガーゼ（約30×60㎝）を用意する。

作り方

1 ボウルに水きりしたヨーグルト200gを入れ、泡立て器で
なめらかになるまで混ぜる。

2 はちみつを加えて混ぜる（**b**）。

3 別のボウルに生クリームを入れ、氷水にあてて八分立て
（ぽってりとまとまって落ちる程度）にし（**c**）、**2**に加えて混ぜ
る。

4 **A**でメレンゲを作る。卵白を小さめのボウルに入れてハン
ドミキサーで泡立て、白っぽくなったらきび砂糖30gを2
回に分けて加えながら、ピンとツノが立つまで泡立てる。

5 **3**にメレンゲを1/3量ずつ加え、そのつど泡をつぶさない
程度にさっと混ぜる。最後はゴムべらでムラなく混ぜる。

6 ボウルに万能こし器をセットし、水洗いしてかたくしぼっ
たガーゼを二つ折りにして敷き、**5**を入れて表面をならす。
ガーゼのはみ出した部分をかぶせて包み（**d**）、ラップをか
けて皿などで重しをし、冷蔵室で4時間以上水きりする。

7 キウイソースを作る。キウイは皮をむいてすりおろし、き
び砂糖20g、キルシュを入れて混ぜる。

8 **6**を器にとり分け、**7**のソースを添える。
　※保存は冷蔵で2〜3日が目安。

セミフレッド

リコッタにメレンゲを加えて軽く仕上げる、イタリア風のアイスケーキです。
ピスタチオやフリーズドライのいちごを入れて、味も見た目も華やかに。

生クリーム … 100mℓ

リコッタ※ … 200g

きび砂糖 … 50g

レモン汁 … 大さじ1½

牛乳 … 50mℓ

バニラオイル … 3〜4滴

A 卵白 … 1個分
きび砂糖 … 30g

ブルーベリー … 50g

ピスタチオ（製菓用） … 20g

いちご（フリーズドライ） … 8〜10個

※チーズはカッテージチーズ（裏ごしタイプ）やクリームチーズでも作れて、異なる風味が楽しめます。

準備

● 型にオーブンシートを敷き込む（p.48参照）。

● ピスタチオをあらみじんに切る。

リコッタ

イタリア語で「二度煮た」という意味をもつ、乳清が原料のあっさりとした味わいのフレッシュタイプのチーズ。

作り方

1 生クリームをボウルに入れ、氷水にあてて八分立て（ぽってりとまとまって落ちる程度）にし、冷蔵室で冷やしておく。

2 ボウルにリコッタを入れて泡立て器でなめらかになるまで練り、きび砂糖50gを加えて混ぜる。レモン汁、牛乳、バニラオイルを順に加えて混ぜる。

3 **1**を加えて混ぜ（**a**）、冷蔵室で冷やしておく。

4 **A**でメレンゲを作る。卵白を小さめのボウルに入れ、ハンドミキサーで泡立てる。白っぽくなったらきび砂糖30gを2回に分けて加え、ピンとツノが立つまで泡立てる。

5 **3**に**4**を⅓量ずつ加え、そのつど泡をつぶさない程度にさっと混ぜる。最後はゴムべらで底からムラなく混ぜる。

6 ブルーベリーとピスタチオを加えてさっと混ぜる。

7 型に生地の半量を入れ、いちごを並べる（**b**）。残りの生地をかぶせて平らにならし、ラップをかけて冷凍室で5時間以上冷やし固める。

※保存は冷凍で1カ月が目安。

a   b

甘酒と塩黒豆のチーズムース

オリゴ糖たっぷりの甘酒に、ほんのり塩味の黒豆がよく合います。
黒豆を入れずに作り、上にパラリと塩を振るのもおいしい。

材料 （容量150mlのグラス6〜7個分）

生クリーム（乳脂肪35%）…100ml
クリームチーズ…100g
きび砂糖…30g
甘酒（ストレートタイプ）…200ml
レモン汁…小さじ2
A │ 水…大さじ2
　 │ 粉ゼラチン…5g
生クリーム…50ml
B │ 卵白…1個分
　 │ きび砂糖…30g
蒸し黒豆（市販品）…60〜80g

準備

● 耐熱容器に**A**の水を入れ、粉ゼラチンを振り入れて軽く混ぜ、ふやかす。
● グラスに黒豆を4〜5個ずつ入れる（**a**）。

蒸し黒豆

手軽な市販品を使用。手作りするなら塩ゆでにし（黒豆50gをたっぷりの水にひと晩つけ、塩小さじ1を加えてやわらかくなるまでゆでる）、汁けをきって使う。

作り方

1 生クリーム100mlをボウルに入れ、氷水にあてて八分立て（ぼってりとまとまって落ちる程度）にし、冷蔵室で冷やしておく。

2 クリームチーズをラップで包み、電子レンジ（200W）で3〜4分加熱してやわらかくする。ボウルに入れて泡立て器で練り、きび砂糖30gを加えて混ぜる。

3 甘酒を3〜4回に分けて加え（**b**）、そのつどよく混ぜる。レモン汁を加えて混ぜる。

4 ふやかした**A**に生クリーム50mlを加え、ラップをかけて電子レンジ（200W）で1分〜1分30秒加熱してとかし、混ぜる。

5 **3**に加えて混ぜ、万能こし器で生地をこす。ボウルの底を氷水にあて、混ぜながら少しとろみをつける。とろみがついたら氷水から外す。

6 **B**でメレンゲを作る。卵白を小さめのボウルに入れてハンドミキサーで泡立て、白っぽくなったらきび砂糖30gを2回に分けて加えながら、ピンとツノが立つまで泡立てる。

7 **5**に**1**を2回に分けて加えて混ぜ、**6**のメレンゲを1/3量ずつ加え、そのつどさっと混ぜる。最後はゴムべらで底からすくうように混ぜる。

8 グラスに生地の半量を等分して流し入れて黒豆を2〜3個入れ、残りの生地を等分して流し入れる。冷蔵室で3時間以上冷やし固める。食べる直前に黒豆を飾る。
※保存は冷蔵で2〜3日が目安。

a

b

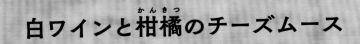

白ワインと柑橘のチーズムース

意外にもポリフェノールの多い白ワインを加えた大人のデザート。
フルーツは柑橘系のほか、マスカットなどにアレンジしても素敵です。

生クリーム（乳脂肪35%） … 100ml

クリームチーズ … 200g

きび砂糖 … 90g

白ワイン（甘口）※1 … 120ml

レモン汁 … 小さじ2

A ┃ 水 … 大さじ2
┃ 粉ゼラチン … 5g

生クリーム … 50ml

オレンジ（飾り用）※2 … 2個

※1 白ワインはスパークリングワインにかえてもおいしく作れます。

※2 オレンジは国産の不知火、せとかなどがおすすめ。グレープフルーツや甘夏でも。

準備

● 耐熱容器にAの水を入れ、粉ゼラチンを振り入れて軽く混ぜ、ふやかす。

作り方

1 生クリーム100mlをボウルに入れ、氷水にあてて八分立て（ぽってりとまとまって落ちる程度）にし、冷蔵室で冷やしておく。

2 クリームチーズをラップで包み、電子レンジ（200W）で3〜4分加熱してやわらかくする。ボウルに入れて泡立て器で練り、きび砂糖を加えて混ぜる。

3 白ワインを2回に分けて加え（a）、そのつどよく混ぜる。レモン汁を加えて混ぜる。

4 ふやかしたAに生クリーム50mlを加え、ラップをかけて電子レンジ（200W）で1分〜1分30秒加熱してとかす。**3**に加えて混ぜ、万能こし器で生地をこす。ボウルの底を氷水にあて、混ぜながら少しとろみをつける。

5 **4**に**1**を2回に分けて加えてそのつど混ぜ、最後はゴムべらで底からすくうように混ぜる。

6 グラスに生地を等分して流し入れ、冷蔵室で3時間以上冷やし固める。

7 オレンジは上下を切り落としてから側面の皮をむき（b）、薄皮に沿ってナイフを入れ、1房ずつとり出す（c）。食べる直前にバラの花のように飾る（d）。

※保存は冷蔵で2〜3日が目安。

a

b

c

d

チーズケーキと過ごす、大人のリラックスタイム

スイーツに欠かせない糖分には、おいしいだけでなく、脳の緊張をほどき、疲れた体をいやす効果があります。日々の生活にときどきチーズケーキを加えて、極上のリラックスタイムを過ごしてみませんか？　ここでは、私のとっておきの楽しみ方を紹介します。

お酒とのマリアージュ

　大人ならではの楽しみ方といえば、やはりお酒とのマリアージュ。休日や、仕事や家事を終えた時間に、スパークリングワインやロゼのシャンパンをチーズケーキに合わせてホッとひと息つくのは至福のひとときです。

　ニューヨークチーズケーキやチーズテリーヌ、バスクチーズケーキなどの、とろける食感のチーズケーキには、泡のシュワッとする口あたりがぴったり。なかでもバスクチーズケーキは、スペインのバスク地方であるサン・セバスチャンの名物で、バルではワインのつまみとして愛されており、軽めの白ワインとも相性抜群です。シードルや発泡タイプの日本酒も、意外とおすすめです。

　お好きなかたは、ぜひいろいろ合わせてみて、お気に入りを見つけてくださいね。

音楽とのマリアージュ

　私の日常に音楽は不可欠。ケーキを作るとき、車を運転するとき、もちろん撮影中も、寝る前のひとときにも欠かせません。音楽愛が高まりすぎて、若いころに弾いていたギターを最近また習い始めたほどです。

　もともと70年代、80年代のロック、AOR（Adult-Oriented Rock）などが大好きですが、最近はソフトなジャズやピアノ曲なども心が落ち着きます。ニューヨークが恋しいときはスティーリー・ダン、ちょっと元気になりたいときはジョン・メイヤーやアリアナ・グランデ、AORならマイケル・フランクス、日本のミュージシャンでは藤井風、そして、流れるようなピアノのキース・ジャレットなどなど。

　少し照明を落として（できればキャンドルに！）、素敵な食器でチーズケーキとシャンパンを並べ、お気に入りの曲をかければ、おうちでバーやカフェの気分が味わえます。たまにはそんな演出でチーズケーキを楽しんでみてはいかがでしょう？

撮影：石橋かおり

PART 3

BAKED CONFECTIONERY

チーズの焼き菓子

定番のシフォンケーキや、ロールケーキ、
クッキーなどに加えて、台湾カステラな
ど、人気の焼き菓子を13種紹介します。
チーズも、ハードタイプのチーズやブルー
チーズ、カマンベールなどをバラエティー
豊かに使っているので、さまざまな風味
が楽しめます。塩味のケークサレや、黒
こしょうをきかせたパウンドケーキなど
は、お酒にもよく合う大人の味わいです。

パルミジャーノと黒こしょうのパウンドケーキ

香り高いパルミジャーノ・レッジャーノをふんだんに焼き込んだバターケーキ。
スパイシーな味わいが好みのかたは、ぜひ黒こしょう多めで作ってください。

（9×22×高さ7cmのパウンド型1台分）

バター（食塩不使用）… 100g

きび砂糖 … 60g

塩 … 小さじ⅔

バニラオイル … 3〜4滴

卵 … 2個

A | 薄力粉 … 140g
　| ベーキングパウダー … 大さじ½

牛乳 … 40㎖

パルミジャーノ・レッジャーノ※1 … 80g

あらびき黒こしょう※2 … 小さじ1〜2

※1 チーズはゴーダ、チェダーなどでもおいしく作れます。

※2 黒こしょうは好みで七味とうがらしにかえても。

準備

● バターを薄切りにして室温にもどし、やわらかくする。

● 型にオーブンペーパーを敷き込む（p.48参照）。

● Aを合わせてふるう。

● パルミジャーノをすりおろし、70gと10gに分ける。

● オーブンを160度に予熱する。

作り方

1　バターをボウルに入れ、泡立て器でなめらかになるまで練る。

2　きび砂糖を加えてすり混ぜ、塩、バニラオイルを加えて混ぜる（a）。

3　卵1個、Aの⅓量をもう一度ふるいながら加えて混ぜる（b）。これをもう一度くり返す。

　　※卵を一度に入れると分離して口あたりが悪くなるため、粉と一緒に分けて加えましょう。

4　ゴムべらにかえ、牛乳、残りのAを加えて混ぜる。

5　パルミジャーノ70g、黒こしょうを加え（c）、粉っぽさがなくなるまで底からよく混ぜる。

6　型に生地を入れて表面を平らにならし、パルミジャーノ10gを振る（d）。160度のオーブンで40〜45分焼き、オーブンから出して型のまま冷ます。

　　※中央に竹串を刺してみて、生地がついてこなければ焼き上がり。
　　※保存は室温で4〜5日が目安。夏場は冷蔵で。

a　b　c　d

パルミジャーノの台湾カステラ

大人気の台湾カステラをチーズ風味にアレンジしました。
あたためた油に粉やメレンゲを加える独特の作り方で、
焼きたてはふんわり、翌日にはしっとりとした食感が楽しめます。

材料 （15cm角の底取れスクエア型1台分）

サラダ油 … 40g
薄力粉 … 50g
塩 … 小さじ¼
パルミジャーノ・レッジャーノ※ … 40g
牛乳 … 50ml
卵黄(L) … 3個分
A　卵白(L) … 3個分
　　きび砂糖 … 60g

※パルミジャーノはパルメザンチーズ（粉末）にかえても。

準備

● 型の底にオーブンシートを敷く。生地があふれないよう、側面内側の上半分にサラダ油（分量外）を塗り、30×5cmのオーブンシート2枚を油を塗った部分にはりつける。型の底と側面を二重のアルミホイルで覆う。
● パルミジャーノをすりおろす。
● 熱湯を用意する（湯せん焼き用）。
● オーブンを150度に予熱する。

作り方

1 耐熱ボウルにサラダ油を入れ、電子レンジ（600W）で30〜40秒加熱して80度くらいにあたためる。
※加熱しすぎないように注意。

2 薄力粉をふるいながら入れ（**a**）、泡立て器で混ぜる。

3 塩、パルミジャーノを加えて混ぜる。

4 耐熱容器に入れた牛乳を電子レンジ（600W）で20秒加熱して40度くらいにあたためて加え、混ぜる。卵黄を1個ずつ加えてそのつど混ぜる。

5 **A**でメレンゲを作る。別のボウルに卵白ときび砂糖を入れてハンドミキサーで泡立て、ツノが曲がる程度にゆるめに泡立てる。
※ピンとツノが立つまで泡立てると焼き上がりの表面が大きく割れるので、ゆるめにするのがコツ。

6 **4**にメレンゲを⅓量ずつ加え（**b**）、そのつど泡をつぶさない程度にさっと混ぜる。最後はゴムべらで黄色っぽい筋が見えなくなるまで混ぜる。

7 バットにのせた型に流し入れ（**c**）、表面を平らにならす。バットごとオーブンにセットし、バットに1cm高さまで湯を注いで150度で60分ほど焼く。
※中央に竹串を刺してみて、生地がついてこなければ焼き上がり。

8 オーブンから出し、側面のペーパーと生地の間にパレットナイフをさし込んではがし（**d**）、型のまま冷ます。
※保存は冷蔵で2〜3日が目安。

 a
 b
 c
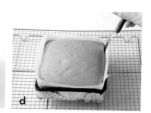 d

グジェール

チーズ入りのシュー生地をカラッと焼き上げた塩味のスナック。
手軽につまめるので、お酒に合わせたり、ちょっとしたおやつにおすすめです。

材料 （35〜40個分）

A	牛乳 … 60㎖
	水 … 60㎖
	バター(食塩不使用) … 60g

薄力粉 … 80g
卵(L) … 3個
ゴーダ※ … 30g
ドライパセリ(好みで) … 少々

※チーズはエメンタール、グリュイエールなどでもおいしく作れます。

準備

- 薄力粉をふるう。　● ゴーダをすりおろす。
- 卵を室温にもどしてときほぐす。
- 天板にサラダ油(分量外)を塗り、オーブンシートをはる。
- しぼり出し袋に直径1㎝の丸口金をセットして袋をひねり、口金に押し込む(**a**)。入れ口を開き、計量カップなどに入れる。
- オーブンを200度に予熱する。

作り方

1 小鍋に**A**の材料を入れて中火にかけ、木べらで混ぜながら沸騰させ、バターを完全にとかす。

2 火を止めて薄力粉を一気に加え、ひとまとまりのだんご状になるまで1分ほど練り混ぜる(**b**)。

3 ボウルに移し、とき卵の半量を加え、ハンドミキサーの低速で混ぜる。ボロボロとしてきたら残りの卵を少しずつ加え、生地を持ち上げるとゆっくりと生地が落ち、ビーターに逆三角形に残るようになったら卵を加えるのをやめる(**c**)。

4 ゴーダを加えてゴムべらで混ぜる。

5 しぼり出し袋に生地を詰めて空気を抜き、天板に直径3㎝くらいに丸くしぼり出す(**d**)。

6 残った卵(ない場合は水)をつけたフォークの背で生地の上面を軽く押さえる。

7 ドライパセリを振り、200度のオーブンで10分、しっかりふくらんだら160度に下げて30分焼く。焼き上がったらオーブンに入れたまま1時間乾燥させる。

※保存は密閉容器に入れて室温で3〜4日が目安。

a

b

c

d

クラウドブレッド

雲のようにふわっと軽い、グルテンフリーのスナック。
そのままでもおいしいけれど、甘ずっぱいいちごのソースを添えると格別です。

材料 (直径約9cmのもの6枚分)

クリームチーズ … 40g
ベーキングパウダー … 小さじ½
卵黄 … 2個分
A 卵白 … 2個分
　 きび砂糖 … 小さじ2
ベリーソース(いちご／p.21) … 大さじ2〜3

準備

● 天板にオーブンシートを敷く。
● オーブンを180度に予熱する。

作り方

1 クリームチーズをラップで包み、電子レンジ(200W)
　 で40秒〜1分加熱してやわらかくする。ボウルに入
　 れて泡立て器で練り、ベーキングパウダー、卵黄を
　 加えて混ぜる。

2 Aでメレンゲを作る。卵白を小さめのボウルに入れ、
　 ハンドミキサーで泡立てる。白っぽくなったらきび
　 砂糖を加え、ピンとツノが立つまで泡立てる。

3 1にメレンゲを⅓量ずつ加え、そのつどさっと混ぜ
　 る(a)。最後はゴムべらでムラなく混ぜる。

4 天板に間隔をあけて生地を大さじ1ずつ6個のせる。
　 その上に残りの生地を重ねて2段にする(b)。
　 ※重ねることで生地がだれずに形よく焼き上がります。

5 180度のオーブンで15分ほど焼き、オーブンから出
　 して冷ます。ベリーソースを添える。
　 ※保存は密閉容器に入れて冷蔵で2日が目安。

ゴーダのシフォンケーキ

ふわふわのシフォンケーキにセミハードタイプのゴーダを焼き込みました。
食欲がないときに、カフェオレや野菜ジュースと合わせれば軽食にも。

材料 （直径17cmのシフォンケーキ型1台分）

卵黄 … 4個分
きび砂糖 … 30g
サラダ油 … 大さじ2
塩 … 小さじ½
水 … 60㎖
バニラオイル … 3～4滴
薄力粉 … 80g
A ┃ 卵白 … 4個分
　 ┃ きび砂糖 … 70g
ゴーダ※ … 80g

※チーズはマリボー、チェダーなどでもおいしく作れ
ます。

準備

● ゴーダをすりおろす。
● オーブンを160度に予熱する。

作り方

1 小さめのボウルに卵黄ときび砂糖30gを入れ、ハンドミキサーで泡立てる。

2 大きいボウルに移し、サラダ油、塩、水、バニラオイルを順に加え（**a**）、そのつどよく混ぜる。薄力粉をふるい入れて混ぜる。

3 Aでメレンゲを作る。別のボウルに卵白を入れてハンドミキサーで泡立て、全体が白っぽくなったらきび砂糖を2回に分けて加えながら、ピンとツノが立つまでさらに泡立てる。
※ハンドミキサーのビーターは油分などが残らないようによく洗い、水けをふきとること。水や油が混ざると泡立ちが悪くなります。

4 2に3のメレンゲを⅓量ずつ加え、そのつど泡をつぶさない程度にさっと混ぜる。

5 最後はゴムべらで底から大きく生地をすくっては手首を返し、黄色っぽい筋が見えなくなるまでムラなく混ぜる（**b**）。

6 ゴーダを加えてさっと混ぜ、手早く型に流し入れる。
※チーズの油分でメレンゲの泡が消えるため、手早く作業しましょう。

7 160度のオーブンで8～10分焼き、表面に膜が張ったらいったんとり出し、パレットナイフで十文字に切り込みを入れる（**c**）。オーブンに戻し、さらに30～32分焼く（全体で約40分）。

8 焼けたらすぐにオーブンから出し、型を逆さにしておき、完全に冷めるまで2時間ほどおく。

9 型から外す。型と生地の間にパレットナイフをさし込み、ナイフをしならせて型に押しつけながら上下に動かし、1～2周して生地をはがす（**d**）。

10 中央の筒の部分は竹串で、9の要領ではがす。

11 まないたなどの上で逆さにし、外側の型を持ち上げてはずし、上下を返す。

12 型の底と生地の間にパレットナイフをさし込み、筒にあたったらナイフをゆっくりと1周させてはがす。

13 もう一度逆さにし、筒と底をそっと外す。
※保存は冷蔵で2～3日が目安。

a

b

c

d

チーズクリームのロールケーキ

シフォンケーキ生地で作る、軽くてしっとりとしたロールケーキ。
チーズクリームと一緒に、消化酵素を含むパイナップルを刻んで巻き込みました。

材料 （28cm角の天板1台分）

【 生地 】

卵黄(L)…4個分

きび砂糖…30g

A
- サラダ油…大さじ2
- 水…60㎖
- バニラオイル…3〜4滴

薄力粉…80g

B
- 卵白(L)…4個分
- きび砂糖…60g

【 チーズクリーム 】

- 生クリーム…150㎖
- クリームチーズ…150g
- きび砂糖…45g
- レモン汁…小さじ2
- バニラオイル…2〜3滴

パイナップル※…120g

※フルーツはお好みで。キウイやマンゴー、いちご
などでもおいしく作れます。

準備

- 天板の底と側面にサラダ油（分量外）を
  塗り、33cm角のオーブンシートの角に
  斜めに切り込みを入れてぴったりとは
  りつける。
- オーブンを160度に予熱する。
- パイナップルをあらみじんに切る。

作り方 ● 生地のくわしい作り方はp.81の**1〜5**参照。

1 生地を作る。ボウルに卵黄ときび砂糖30gを入れて泡立
て、Aの材料を順に加えて混ぜる。薄力粉をふるい入れて
混ぜる。

2 Bでメレンゲを作る。別のボウルに卵白を入れてハンドミ
キサーで泡立て、きび砂糖60gを2回に分けて加えながら、
ピンとツノが立つまでさらに泡立てる。

3 **1**に⅓量ずつ加え、そのつどさっと混ぜる。最後はゴムべ
らで底から大きく混ぜ、ムラがなくなったら天板に流し入
れる。カードで表面を平らにならし（**a**）、160度のオーブ
ンで20分焼く。オーブンから出して完全に冷ます。

4 チーズクリームを作る。生クリーム150㎖をボウルに入れ、
氷水にあてて九分立て（泡立て器から落ちない程度）にし、
冷蔵室で冷やしておく。

5 クリームチーズをラップで包み、電子レンジ（200W）で3
〜4分加熱してやわらかくする。別のボウルに入れて泡立
て器で練り、きび砂糖45gを加えてすり混ぜる。

6 レモン汁、バニラオイルを順に加えてよくすり混ぜる。**4**
を2回に分けて加え（**b**）、最後はゴムべらでムラなく混ぜる。

7 長さ50cmのオーブンシートを横長に置き、中央に**3**の生
地を引っくり返してのせる。シートをはがし、**6**のクリーム
を塗り、パイナップルを散らす。

※巻くとパイナップルが押し出されるため、生地の向こう側5cmく
らいはあけておくこと。

8 手前から生地を小さく折り（**c**）、それを芯にしてシートを
巻きすのようにして巻く。巻き終わりを下にし、上から菜
箸で押さえ、下側のシートを向こう側にキュッと引いてケー
キをしめる（**d**）。

9 シートの両端をねじり、その上からラップで包んで冷蔵室
で3時間以上冷やす。

※保存は冷蔵で2〜3日が目安。

a

b

c

d

カッテージチーズのホットビスケット

低脂肪でカルシウム豊富なカッテージチーズを生地に加え、軽く焼き上げました。
ほんのりとした甘さなので、そのままでも、ジャムなどを添えても。

カマンベールのマフィン

プレーンなマフィン生地にとろけたカマンベールの
塩けがぴったり。持ち運びにも向くので、ちょっと
した手みやげや外ランチにも。

材料 （長さ12cmのもの8個分）

バター（食塩不使用）… 80g

A
薄力粉 … 200g
ベーキングパウダー … 大さじ1
きび砂糖 … 大さじ2
塩 … 小さじ⅓

B
卵(L) … 1個
カッテージチーズ（裏ごしタイプ）… 200g

牛乳（表面用）… 大さじ2

準備

● バターを1cm角に切り、冷蔵室で冷やしておく。
● 天板にオーブンシートを敷く。
● Aを合わせてふるう。
● Bの卵をときほぐし、カッテージチーズと混ぜ合わせる。
● オーブンを200度に予熱する。

作り方

1 Aをボウルにもう一度ふるいながら入れて、冷たいバターをのせ、カードなどで切り込み、粒が小さくなったら指先ですり合わせてさらさらにする（a）。
※バターがとけないよう、手早く作業しましょう。

2 Bを加えてざっと混ぜ、ひとまとまりになったらカードで半分に切り（b）、半量を上にのせて押しつぶす。これを4〜5回くり返して層を作る。

3 少量の打ち粉（分量外の薄力粉）をした台に生地をとり出す。上面にも打ち粉をして20×12cm、厚さ2.5cmぐらいの長方形にめん棒でのばし、4等分してから三角形に切る（c）。

4 天板に間隔をあけて並べ、ハケで牛乳を塗る。200度のオーブンで20分、150度に下げて20分焼く（全体で約40分）。オーブンから出して冷ます。
※保存は室温で3〜4日が目安。

材料 （直径7cmのマフィン型6個分）

バター（食塩不使用）… 70g

きび砂糖 … 60g

塩 … 小さじ⅓

バニラオイル … 3〜4滴

卵(L) … 1個

A
薄力粉 … 100g
ベーキングパウダー … 小さじ1

牛乳…60ml

カマンベール … 1個(90〜100g)

準備

● バターを薄切りにして室温にもどし、やわらかくする。
● 型に紙のマフィンカップを敷く。
● Aを合わせてふるう。
● カマンベールは放射状に12等分する。
● オーブンを160度に予熱する。

作り方

1 バターをボウルに入れ、泡立て器でなめらかになるまで練る。

2 きび砂糖を加えてすり混ぜ、塩、バニラオイルを加えて混ぜる。

3 卵、Aの⅓量をもう一度ふるいながら加えて混ぜる。

4 牛乳の半量、残りのAの半量をふるい入れて混ぜ、これをくり返す。最後はゴムべらにかえ、粉っぽさがなくなるまで底からよく混ぜる。

5 型に等分して生地を入れ、カマンベールを2切れずつさし込む（a）。

6 160度のオーブンで30〜35分焼き、オーブンから出して冷ます。
※中央に竹串を刺してみて、生地がついてこなければ焼き上がり。
※保存は室温で3〜4日が目安。夏場は冷蔵で。

野菜とチーズのケークサレ

塩味でハーブの香りがきいているので、お酒のおともや軽食に。
カットした断面をイメージして、野菜とチーズを彩りよく並べましょう。

材料 （9×22×高さ7cmのパウンド型1台分）

バター（食塩不使用）… 100g

きび砂糖 … 30g

塩 … 小さじ⅔

卵 … 2個

A ┃ 薄力粉 … 140g
　┃ ベーキングパウダー … 大さじ½

牛乳 … 大さじ2

あらびき黒こしょう … 小さじ½

フレッシュハーブのみじん切り[※1]

（バジル、タイムなど）… 小さじ1～2

ブロッコリー[※2] … 60g

ミニトマト … 6個

グリュイエール[※3] … 80g

※1 フレッシュハーブを使いましたが、ドライハーブの場合は小さじ½に減らして。1種類でも、エルブドプロバンスなどのミックスハーブでもお好みで。

※2 ブロッコリーはカリフラワーやアスパラにかえてもOK。

※3 チーズはゴーダ、チェダーなどでもおいしく作れます。

準備

● ミニトマトは半分に切り、オーブンシートを敷いた天板に並べ（a）、130度のオーブンで2時間焼いてセミドライにする。市販品を使ってもよい。

● ブロッコリーは小房に分けてかためにゆで、水けをしっかりふきとる。

● バターを薄切りにして室温にもどし、やわらかくする。

● 型にオーブンシートを敷き込む（p.48参照）。

● Aを合わせてふるう。

● グリュイエールを1cm角に切る。

● オーブンを160度に予熱する。

作り方

1　バターをボウルに入れ、泡立て器でなめらかになるまで練る。

2　きび砂糖を加えてすり混ぜ、塩を加えて混ぜる。

3　卵1個、Aの⅓量をもう一度ふるいながら加えて混ぜる（b）。これをもう一度くり返す。

　※卵を一度に入れると分離して口あたりが悪くなるため、粉と一緒に分けて加えましょう。

4　ゴムべらにかえ、牛乳、Aの残りを加えて混ぜる。

5　黒こしょう、ハーブを加え、粉っぽさがなくなるまで底からよく混ぜる。

6　型に生地の半量を入れ、ブロッコリー、ミニトマト、グリュイエールの各半量を並べる（c）。残りの生地をかぶせて残りの野菜とグリュイエールをのせ、160度のオーブンで50分ほど焼き、オーブンから出して型のまま冷ます。

　※中央に竹串を刺してみて、生地がついてこなければ焼き上がり。

　※保存は冷蔵で2～3日が目安。水分が多めなので、早めに食べきってください。

a

b

c

チェダーとオートミールの
クッキー

食物繊維の豊富なオートミールとチーズで栄養価も満点。
見た目より軽い食感で、ミルクと合わせて朝食やおやつ
にもおすすめです。

パルメザンチーズのクッキー

手軽な粉チーズを使ったサクサクのクッキー。絶妙な塩
けとバターの香りで、手が止まらなくなる香ばしさです。

材料 （約15枚分）

バター（食塩不使用）… 130g

A
きび砂糖 … 40g
塩 … 小さじ⅔
バニラオイル … 3〜4滴
卵黄(L) … 1個分
牛乳 … 大さじ1

B
薄力粉 … 60g
ベーキングパウダー … 小さじ½

チェダー（レッドチェダー）※ … 90g

オートミール … 150g

※チーズはゴーダ、マリボーなどでもおいしく作れます。

準備

● バターを薄切りにして室温にもどし、やわらかくする。
● 天板にオーブンシートを敷く。
● Bを合わせてふるう。
● オーブンを150度に予熱する。
● チェダーをすりおろし、60gと30gに分ける。

作り方

1　バターをボウルに入れて泡立て器で練り、Aの材料を順に加えてそのつどよくすり混ぜる。Bをもう一度ふるいながら入れ、最後はゴムべらで混ぜる。

2　チェダー60g、オートミールを加えて混ぜる（a）。

3　はかりにラップを敷いて2を30gずつ計量し、丸めてつぶす。上面にチェダー30gをつけて天板に並べる（b）。
※この状態で1カ月ほど冷凍保存できます。その場合は凍ったまま同様に焼いてください。

4　150度のオーブンで30分ほど焼き、オーブンに入れたまま完全に冷ます。
※保存は密閉容器に入れて室温で1週間が目安。

材料 （約22枚分）

バター（食塩不使用）… 60g

A
きび砂糖 … 30g
塩 … 小さじ⅓
バニラオイル … 3〜4滴
卵黄 … 1個分
水 … 小さじ1

B
薄力粉 … 100g
ベーキングパウダー … 小さじ¼

パルメザンチーズ（粉末）※ … 60g

※パルミジャーノ・レッジャーノを使う場合はすりおろします。

準備

● 「チェダーとオートミールのクッキー」の4つ目までと同様にする。
● パルメザンチーズを40gと20gに分ける。
● Aの卵黄と水を混ぜる。

作り方

1　「チェダーとオートミールのクッキー」の1と同様に作る。

2　パルメザンチーズ40gを加えて混ぜ、少量の打ち粉（分量外の薄力粉）をした台にとり出す。直径4cm、長さ20cmの棒状にのばしてラップで包み、冷蔵室で1時間ほど冷やす。

3　バットにパルメザンチーズ20gを広げ、2を転がしてまぶす（a）。もう一度ラップで包み、冷蔵室で3時間以上冷やす。
※この状態で1カ月ほど冷凍保存できます。その場合は凍ったまま切り、同様に焼いてください。

4　7mm厚さに切って天板に並べ（b）、150度のオーブンで30分ほど焼き、オーブンから出して完全に冷ます。
※保存は密閉容器に入れて室温で1週間が目安。

ブルーチーズのマドレーヌ

焼きたてをほおばると、とけたチーズの風味が口いっぱいに広がって格別です。
ブルーチーズが苦手なかたからも思わず「おいしい」の声が上がるレシピ。

材料 （マドレーヌ型6〜7個分）

卵 … 1個

きび砂糖 … 30g

バニラオイル … 3〜4滴

A │ 薄力粉 … 40g
　│ ベーキングパウダー … 小さじ½

バター（食塩不使用） … 30g

ブルーチーズ[※] … 50〜60g

※チーズはマイルドなブレス・ブルーを使用。風味
が強いロックフォール、ゴルゴンゾーラにかえて
も。ブルーチーズ以外のカマンベールやクリーム
チーズでもおいしく作れます。

準備

● 型にバター（分量外）を塗って薄力粉（分量
　外）を茶こしでふるいかけ（**a**）、余分ははた
　き落とす。

● **A**を合わせてふるう。

● ブルーチーズは長さ3cm、1.5cm角くらい
　の棒状に切り、薄力粉（分量外）を全面に厚
　めにまぶす（**b**）。

● バターは耐熱容器に入れ、ラップをかけて
　電子レンジ（200W）で1分ほど加熱してと
　かす。

● オーブンを160度に予熱する。

作り方

1 ボウルに卵を割り入れて泡立て器でほぐし、きび砂糖、バ
　　ニラオイルを加えてすり混ぜる。

2 **A**をもう一度ふるいながら入れ、混ぜる。

3 とかしたバターを加えて混ぜ（**c**）、最後はゴムべらにかえ
　　てムラなく混ぜる。

4 型の半分くらいまでスプーンで生地を入れて中央にブルー
　　チーズをのせ、残りの生地をチーズにかぶせながら型の八
　　〜九分目まで入れる（**d**）。

5 160度のオーブンで、しっかり焼き色がつくまで20〜25
　　分焼く。

6 焼けたらすぐにオーブンから出し、パレットナイフなどで
　　型から外す。

　　※保存は室温で3〜4日が目安。

　　※冷めた場合は電子レンジ（200W）で1個につき30〜40秒加熱
　　　すると焼きたてのようになります。

a　　　b　　　c　　　d

クリームチーズとさつまいもの蒸しパン

おなかにやさしいさつまいもを加え、電子レンジで作れるようにしました。
クリームチーズ入りで冷めてもかたくならないので、お弁当にも。

材料 （直径6cmの紙マフィンカップ4個分）

卵(L) … 1個

A
| きび砂糖 … 30g
| 塩 … 小さじ¼
| バニラオイル … 2～3滴
| サラダ油 … 大さじ1
| 豆乳(または牛乳) … 大さじ2

B
| 薄力粉 … 50g
| ベーキングパウダー … 小さじ1

クリームチーズ … 80g

さつまいも(皮つき) … 80g

水 … 大さじ2

準備

● Bは合わせてふるう。
● さつまいもは洗って1cm角に切り、水に
  さらす。耐熱容器に入れて水をかけ(a)、
  ラップをかけて電子レンジ(600W)でや
  わらかくなるまで5分ほど加熱する。
● クリームチーズは1cm角に切る。

作り方

1 ボウルに卵を入れて泡立て器でほぐし、**A**の材料を
順に加えてそのつどよく混ぜる。

2 **B**をもう一度ふるいながら入れて混ぜ、最後はゴム
べらでムラなく混ぜる。

3 カップに生地を等分して流し入れ、クリームチーズ
とさつまいもを入れる(**b**)。

4 電子レンジの四隅に離して並べ、600Wで2分30
秒～3分加熱する。

※加熱ムラが出るようなら途中で入れかえ、表面がべたつく
　場合は様子を見ながら10～20秒ずつ追加する。

※保存は密閉容器に入れて冷蔵で3～4日、冷凍で2週間
　が目安。冷凍の場合は室温で解凍し、ラップをして電子レ
　ンジ(200W)で30秒～1分加熱するとよい。

a　　　　b